# 내 은퇴통장 사용설명서

# 내 은퇴통장 사용설명서

국민연금부터 필수 연금, 보험, 상속까지
노후 현금 흐름이 불어나는 퇴직 전 돈 수업

이천 지음

세이지

# 퇴직 정보도 부익부 빈익빈 시대, 관심과 실천만이 여유로운 노후를 만듭니다

그동안 한국의 많은 기업체와 지방자치단체에서 은퇴 재무설계 강의를 해왔습니다. 은퇴 후의 삶을 준비하는 내용이다 보니 수강생들은 30~40대 과 · 차장급부터 50~60대 부장 · 임원까지 대부분 연차가 있는 직장인들입니다. 중년 남성이 많은 수업들이 그렇듯 강의 초반에는 팔짱을 끼고 얼마나 잘하나 보자 하는 수강생들의 냉랭한 강사 탐색전이 시작됩니다.

그러다 은퇴한 직장 선배들이 실제로 겪고 후회하는 몇 가지 케이스로 강의를 시작하면 자세를 고쳐앉고 금세 몰입하기 시작합니다. 곧 닥칠 현실이기 때문입니다. 직장인들 대부분 가입해 두고 방치한 연금저축 계좌와 IRP 계좌의 특징과 활용법을 설명할 때면 다들 필기에 여념이 없습니다. 퇴직금에 붙는 퇴직소득세가 실제로 얼마나 큰지 이야기를 하면 충격을 받습니다. 이 강의를 듣지 않았다면 천만 원이 넘는 퇴직소득세를 냈을 수도 있겠다는 생각에 강의 집중도가 높아집니다.

그렇게 마음을 열고 피드백이 오가다 보면 하나라도 더 알려주고 싶어 말이 빨라지고, 수강생은 하나라도 더 배워가려고 마음이 급해져 강의의 밀도가 높아집니다. 다시 한번 듣고 싶다며 계열사에서 강의를 하면 꼭 알려달라는 분도 있습니다. 강의 중이나 휴식 시간에도 질문이 그치질 않습니다. 중요한 시험을 앞둔 학생들의 모습과 비슷합니다.

은퇴가 얼마 남지 않은 50대 직장인들은 강의가 끝날 때쯤 한결같이 절박함과 아쉬움을 드러냈습니다. "이 내용을 조금만 일찍 알았다면 좋았을 텐데…"라고 말하는 이들을 볼 때마다 저 역시 안타까웠습니다. 이 책을 쓰기로 결심한 데는 이런 마음 외에도 몇 가지 이유가 더 있습니다.

먼저 은퇴 준비에 대한 막연한 걱정을 덜어주기 위해서입니다. 10억 원, 20억 원의 자산 중심이 아니라 월 200만 원, 300

만 원의 소득 중심으로 계획을 세우면 은퇴 준비도 마냥 두려운 일은 아닙니다. 큰돈을 모아야 한다는 강박관념 때문에 지레 겁먹고 포기하는 사람들에게 충분히 은퇴생활을 준비할 수 있다는 희망을 전달하고 싶었습니다. 여기에 다양한 연금을 제대로 활용하는 방법을 더하면 누구나 노후 대책을 세울 수 있습니다.

다음으로 정보의 격차를 줄이기 위함입니다. 저의 은퇴 재무설계 강의는 대부분 대기업에서 진행했습니다. 대기업에서 만난 직장인들은 노후 대비를 탄탄하게 해놓은 편이었습니다. 높은 연봉을 받고 회사에서 다양한 정보와 질 좋은 강의를 제공하기 때문입니다. 반면 중소기업 직장인들은 상대적으로 연봉이 적고 양질의 금융정보를 접할 기회가 적습니다. 이들과도 현실적이고 실용적인 정보를 공유해 많은 사람들의 은퇴 준비에 도움이 되고 싶습니다.

마지막으로 하루라도 빨리 은퇴 준비를 시작하길 바라기 때문입니다. 자신이 보유한 연금이나 금융상품만 제대로 활용해도 은퇴 생활비를 더 많이 만들 수 있습니다. 문제는 검증되지 않았거나 이해하기 어려운 정보가 너무 많다는 것입니다.

이 책에는 실제로 은퇴 재무설계 강의와 상담에서 접한 사례를 통해 누구나 공감하고 쉽게 이해할 수 있는 핵심 정보를 담았습니다. 이 책을 읽고 더 많은 사람이 하루라도 빨리 은퇴 준비를 시작해 행복하고 편안한 노후를 맞이하길 바라는 마음입니다. 아울러 OECD 회원국 중 노인빈곤율 1위 국가라는 안타까운 기록이 긍정적으로 바뀌었으면 좋겠습니다.

지난 13년 동안 함께 호흡을 맞추며 좋은 책을 내기 위해 늘 최선을 다한 세이지(世利知) 출판사의 이한나 대표님께 감사드립니다. 이 책이 나올 수 있도록 소중한 경험과 지혜를 나눠준 오랜 고객들과 은퇴 재무설계 강의 수강생들께도 감사합니다. 마지막으로 제가 열심히 살아가는 이유인 가족에게 고마움을 전합니다. 아내 경숙에게 사랑을 보내며, 아들 상석과 상현에게는 아름다운 미래가 펼쳐지기를 바랍니다.

중장년의 은퇴 준비를 응원하며

이천

## 오 부장의 맞춤 은퇴 과외

어느 날 중견 신문사에서 20여 년간 기자로 일한 분이 저를 찾아왔습니다. 회사에서 사업 규모를 축소하고 직원들의 희망퇴직을 종용하자 퇴직이 코앞에 다가온 것입니다. 그는 앞으로 최대 2년간 어떤 형태로든 회사에 남는 것을 목표로 퇴직를 준비하고 싶어 했습니다. 회사에서는 젊은 기자들을 진두지휘했지만 정작 퇴직을 준비하려고 보니 앞이 막막했습니다. 기자로 살며 얻은 것은 많았지만 투자로 돈을 잃기도 했고 아이들에게 비싼 교육을 시키고 나니 남은 것이라고는 아파트 한 채와 묵직한 자동차뿐이었습니다.

은퇴 준비는 미리미리 해두는 것이라고 하지만 사실 눈앞에 닥치기 전까지는 제대로 준비하기 어렵습니다. 지금부터 장 마지막에 실은 '오 부장의 은퇴 과외'를 통해 연금과 보험 등 금융상품의 재정비 방법부터 은퇴 이후의 생활 관리까지 살펴보려 합니다. 이 과정을 참고해 내게 꼭 필요한 은퇴 준비에 한 걸음 더 가까이 다가가 봅시다.

## 오 부장

**나이** | 만 52세

**가족** | 아내(48세, 주부), 딸(대학생), 아들(고등학생)

**직업** | 중견 언론사 부장

**월급** | 세후 600만 원

**자산** | 마포구 30평대 아파트 한 채(시가 10억 원 대), 예금과 주식 등 금융자산 1억 원, 부채 2억 원, 자동차

**예상 퇴직금** | 위로금 포함 1억 원 전후(신문사를 이직하며 퇴직금을 헐어 썼고, 아파트 매수 시 퇴직금 중간정산을 받아 남은 퇴직금이 적음)

**대출** | 2억 원

**연금** | 국민연금(65세부터 수령 시 매달 130만 원), 매달 30만 원씩 20년간 납입한 변액연금( 55세부터 개시 가능, 매월 40만 원가량 수령)

**보험** | 종신보험, 가족 종합보험, 암보험, 운전자보험, 주택 화재보험, 골프보험 등 매달 약 100만 원 납입

# 차례

1장

오리엔테이션

# 은퇴 준비,
# 돈 때문에 포기하지 마세요

## 노후 준비, 지금부터 시작하면 가능합니다

저는 오랜 시간 기업과 지자체에서 임원들과 직장인, 공무원을 대상으로 은퇴 준비를 위한 재무설계 강의를 해왔습니다. 제 강의는 연차가 꽉찬 중년 직장인들이 유일하게 졸지 않고 열정적으로 듣는 수업으로 유명합니다.

강의 연차가 쌓일수록 직장인들의 은퇴 준비에 관한 걱정은 커지며, 퇴직 시기가 닥친 직장인일수록 돈에 대한 걱정이 깊다는 걸 느낍니다. 쉬는 시간이나 강의가 끝난 뒤 슬며시 찾아와 개인 상담을 요청할 때면 두려움이 전해집니다. 다들 은퇴 시기가 앞당겨질지도 모른다는 불안함에 마음이 조급합니다. 모아둔 자산이 많든 적든 퇴직 앞에서 자신감을 잃는 것은 똑같았습니다. 언젠가 공부했던 것 같은 국민연금, 건강보험료, 개인연금, IRP 등의 상품들도 뭐가 뭔지 가물가물합니다.

2000년 이전에는 지금보다 짧은 평균수명과 연 10% 내외의 시중금리, 그리고 자녀가 부모를 부양하는 것이 일반적이었습니다. 이런 사회 분위기를 감안해 약 3억~4억 원 정도만 있어도 노후 준비가 충분했습니다. 자금을 은행에 넣어두고 이자만 받아도 생활이 가능했기 때문이죠.

하지만 21세기에 들어서면서 평균수명이 늘어나고 저금리 상황이 이어졌습니다. 최근 인플레이션과 함께 일시적인 고금리 시대가 찾아왔지만 성장률 둔화는 다시 저금리의 역습으로 돌아올 것입니다. 저금리가 다시 도래하면 은퇴 자금으로 3억~4억 원은커녕 10억 원을 준비해도 이자만으로 생활하기 어렵습니다.

더군다나 자녀들의 삶이 팍팍해지면서 부모 부양에 대한 인식도 과거와 크게 달라졌습니다. 부모 부양을 기피하거나 오히려 부모의 품에서 벗어나지 못하는 캥거루족도 늘어났습니다.

이러한 경제적 · 사회적 변화로 노후 대비에 필요한 자산 규모는 부담스러울 정도로 커졌습니다. 불가능할 것 같은 금액에 깜짝 놀라 은퇴 준비를 미루거나 포기하는 사람들이 속출하고 있는 것이 현실입니다.

## 매달 현금 확보에 집중하세요

과거의 은퇴 재무설계는 거액을 준비해야 하는 자산 중심 방식이었습니다. 때문에 은퇴 준비라는 말만 나와도 막대한 금액에 지레 겁을 먹고 미루거나 포기하기 일쑤였습니다.

하지만 매달 안정적인 현금흐름을 만드는 현실적이고 실천 가능한 노후 준비 방식을 따른다면 돈 걱정 없는 은퇴 준비는 누구나 가능합니다.

신한은행은 매년 은퇴 준비 실태를 조사한 〈신한 미래설계보고서〉를 발간합니다. 2022년 보고서에 따르면 50대 직장인이 생각하는 적정 노후 생활비는 월 200만~300만 원이 44%, 월 300만 원 이상은 43%로 10명 중 9명 가까이가 월 200만 원 이상은 필요하다고 응답했습니다.

적정 노후 자산은 5억~10억 원이 39%, 10억 원 이상이 24%로, 10명 중 약 7명이 5억 원 이상이 적당하다고 판단했습니다. 즉 최소한 매월 200만 원 이상의 현금흐름과 5억 원 이상의 자산 규모를 갖추길 원하는 것입니다.

그렇다면 보고서에서 50대 직장인이 예상한 적정 노후 생활비와 기대여명에 따른 실제 노후 생활비의 차이를 살펴보겠습니다. 2020년 통계청 자료에 의하면 50대 남성의 기대여명은 32.2년으로 82.2세이고 50대 여성의 기대여명은 37.7년으로 87.7세입니다. 60세에 은퇴한 경우 남성은 22년 2개월분의 생활비가, 여성은 27년 7개월분의 생활비가 필요합니다.

## 매월 200만 원 현금흐름 확보하는 법, 가능합니다

50세 동갑내기 부부가 60세에 은퇴해 부부의 한 달 생활비로 200만 원이 들고, 남편이 먼저 사망한 뒤에는 아내의 한 달 생활비로 매월 140만 원이 든다고 가정하겠습니다.

물가상승률과 자산수익률 등 모든 요인을 배제하고 노후 생활비만 단순 계산하면 남편이 사망할 때까지 약 5억 3,280만 원이 필요하고, 그 후 아내 홀로 생활하다 사망할 때까지 추가로 9,240만 원이 필요합니다. 합산하면 총 6억 2,520만 원입니다. 이는 보고서에서 50대 직장인이 생각한 적정 노후 자산과 큰 차이가 없습니다.

그렇다면 이제 우리는 매월 200만 원의 현금흐름을 확보하는 것과 5억 원 이상의 은퇴 자산을 만드는 것 중 어떤 방법이 더 현실적이고 실천 가능한지 따져봐야 합니다. 은퇴할 때까지 거주 중인 주택을 제외한 5억 원 이상의 자금을 확보하는 것은 대부분의 직장인에게 불가능에 가깝습니다. 하지만 매월 200만 원의 현금흐름을 확보하는 것은 노력에 따라 그 이상도 충분히 가능한 일입니다.

우리는 하루라도 빨리 국민연금과 같은 공적연금, 퇴직연금, 개인연금의 3층 보장체계를 주축으로 매월 희망하는 노후 생활비를 준비해야 합니다. 만일 부족한 부분이 예상된다면 소득기간을 늘리거나 주택연금 및 현금을 활용할 계획을 세워 은퇴 후 필요한 현금흐름을 만들 수 있습니다.

거액의 '자산' 중심에서 매월 200만 원 이상의 '소득' 중심으로 은퇴 재무설계의 기준을 바꿔 포기 대신 희망을 선물하십시오. 중요한 것은 내일이 아니라 오늘 당장 시작하는 실천입니다.

## 평균 퇴직연령 49.3세, 그 이후를 준비하는 법

대기업에 다니던 중 회사의 합병으로 50대 초반에 권고 사직을 당한 친구가 있습니다. 당시 중학교와 고등학교에 다니는 두 아이를 둔 친구는 일을 구하는 동안 퇴직금의 상당 부분을 헐어 썼습니다. 하지만 예전과 같은 수준의 연봉을 받을 수 있는 일을 구하지 못했고 아이들의 학비 부담이 코앞까지 다가오자 임시방편으로 빌딩의 주차관리원으로 취업했습니다.

대기업의 복지 혜택까지 감안하면 받는 월급은 퇴직 직전의 3분의 1 수준이었습니다. 휴일마다 틈틈이 다른 직장에 이력서를 넣었지만 불러주는 회사는 없었습니다. 그 사이 아이들은 대학에 들어가 아르바이트를 하며 등록금과 용돈을 벌어 쓰고 있습니다. 이제 친구는 건강이 허락하는 한 주차관리원 일을 계속하고 싶어 합니다.

제 친구처럼 주된 일자리에서 밀려나 업무의 질과 소득이 떨어진 사람이 많습니다. 지금의 직장에서 언제까지 일을 하고 싶은가요? 저마다 처한 상황에 따라 다르겠지만 퇴직은 오롯이 나의 의지로 결정할 수 있는 게 아닙니다.

2021년에 발표한 통계청 경제활동인구조사에 따르면 실제 퇴직사유 중 정년퇴직은 9.6%에 그치는 반면 권고사직, 명예퇴직, 정리해고, 사업 부진, 조업 중단, 직장 휴·폐업 등 비자발적 사유에 따른 조기퇴직은 41.3%나 됩니다. 가족을 돌보거나 건강 문제로 회사를 그만두는 경우도 33.9%에 달합니다. 10명 중 7명~8명이 자신의 의지가 아닌 사유로 퇴직하는 것입니다. 이처럼 비자발적 조기퇴직 비율은 매우 높으며, 이는 우리에게 닥친 현실이기도 합니다.

미래에셋투자와연금센터가 통계청 퇴직자료를 분석한 보고서에 따르면 2021년 5월 기준, 55세~64세의 평균 퇴직 연령은 49.3세입니다. 법정 정년인 60세에 훨씬 못 미치는 나이에 주된 일자리에서 물러나는 것입니다.

'주된 일자리'는 생애 중 가장 긴 시간 종사한 일자리로 대부분 이 시기의 급여소득이 가장 높습니다. 하지만 주된 일자리에서의 퇴직이 곧 은퇴를 의미하는 것은 아닙니다. 퇴직과 은퇴의 의미는 다음과 같습니다.

**퇴직:** 현직에서 물러남

**은퇴:** 직임이나 사회활동에서 물러나 한가히 지냄

주된 일자리에서 퇴직한 사람들은 대부분 다시 취업하거나 창업을 합니다. 안타깝게도 이들 중 많은 사람의 소득 수준은 퇴직 전보다 낮아집니다.

일부는 재취업에 실패해 일자리 시장에서 퇴출되기도 하는데 연령이 높을수록 퇴출 비율이 높고 일자리 질도 열악합니다. 이는 주된 일자리에서 빨리 퇴직할수록 경제적 손실이 크다는 뜻입니다. 과거와 현재의 생애주기를 비교해보면 우리가 처한 경제적 상황과 노후 리스크의 심각성을 알 수 있습니다.

옆의 그림을 보면 과거에 비해 취업, 결혼, 출산이 늦어지고 퇴직은 빨라졌습니다. 공적연금 개시도 점차 지연돼 1969년생

**생애주기 변화와 그에 따른 재무 리스크**

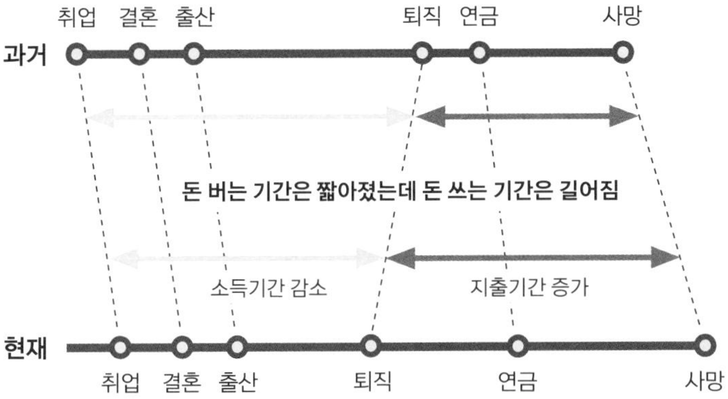


이후는 만 65세로 연장됐습니다. 소득기간은 짧아졌는데 퇴직은 빨라지고 연금 수령은 늦어진 총체적 난국입니다.

게다가 평균 퇴직연령인 49.3세 이후에는 소득이 감소할 확률이 높은데, 이 상황에서 학업을 마치지 못했거나 결혼하지 않고 함께 사는 자녀에 대한 부담은 계속됩니다. 평균수명 증가로 부모님 부양의 책임까지 주어집니다. 즉 조기 퇴직, 자녀의 독립 지연, 부모 부양이라는 삼중고에 빠지고 마는 것입니다.

이러니 은퇴 준비를 적극적으로 하지 못하는 것도 당연합니다. OECD 보고서에 따르면 우리나라의 실질 은퇴 연령은 2018년 기준 평균 72.3세로 OECD 국가 중 가장 높습니다. 선진국보다 공적연금 수령액이 적고 은퇴 준비가 부족하기 때문에 오랜 시간 노동시장에 머물며 소득활동을 계속해야 하는 것이 현재 우리나라 노인이 처한 현실입니다. 퇴직 이후 재취업한 노인 중 단순 노무와 서비스 및 판매에 종사하는 비율은 65.1%로 일자리의 질과 소득이 매우 낮은 편입니다.

소득이 가장 많은 주된 일자리에서 퇴직하는 49.3세와 은퇴 준비 부족으로 소득이 낮은 일을 계속하다가 실질적으로 은퇴하는 72.3세. 생애주기의 변화가 가져온 여러 문제로 이들 모두 노후 대책이 어려운 것은 사실입니다.

그렇다고 은퇴 준비를 소홀히 해도 될까요? 적어도 이 책을 읽는 독자들 중에는 다 같이 힘드니까 포기하기로 마음먹은 사람은 없을 것입니다. 어려움을 극복하고 충실한 은퇴 준비로 편안한 노후를 보내고 싶은 마음이 클 것입니다.

문제를 해결하려면 먼저 현상을 파악하고 자신이 처한 현실을 직시해야 합니다. 그리고 상황을 개선하거나 발전할 수 있는 올바른 방안을 세운 뒤 바로 실천해야 합니다. 은퇴 준비도 현재 상황에 대한 냉철한 판단이 우선입니다.

이제부터 많은 퇴직자들이 겪고 있는 현실적인 문제를 짚어 보려 합니다. 차근차근 따라온다면 책장을 덮을 즈음에는 은퇴 생활비를 두 배로 키울 방법을 찾고 바로 실천에 옮기게 될 것입니다.

## 부모의 노후를 위협하는 자녀와의 동상이몽

은퇴 재무설계 강의나 자산 상담 시 자녀의 교육비나 결혼비용 지원에 관해 질문하면 대부분의 부모가 대학 등록금까지는 어떻게든 책임지겠다는 의지를 보여줍니다.

다만 자녀의 결혼비용 지원은 부모마다 생각 차가 큽니다. 살고 있는 집을 담보로 대출을 받아서라도 지원하겠다는 부모가 있는가 하면, 대학까지 공부시켰으면 결혼은 스스로 해결해야 하지 않겠느냐며 반문하는 부모도 있습니다. 하지만 여유만 있다면 자녀의 결혼비용까지 돕고 싶은 마음은 모두 같습니다. 아이들이 돈 걱정 없이 부모의 품을 떠나 독립된 주체로서 새 출

발하기를 바라지만 현실이 뒷받침되지 않을 뿐입니다.

요즘 자녀들의 취업이 어렵다보니 휴학을 반복해 졸업이 늦어지고 어학연수를 가거나 대학원까지 진학하는 경우도 많습니다. 이로 인해 취업과 결혼 시기가 뒤로 밀려나면서 예전 같으면 이미 독립했을 나이의 자녀가 여전히 부모와 함께 살고 있습니다. 게다가 결혼 생각이 없는 자녀도 상당히 늘었습니다. 생활비가 줄기는커녕 오히려 증가한 것입니다.

## 미리 1억씩 증여한 친구의 이야기

저는 25년 이상 재무설계를 해오면서 여러 권의 책을 썼습니다. 그 책을 읽은 젊은 친구들이 상담을 받고 싶다며 사무실로 많이 찾아왔습니다. 직장에 다니는 미혼남녀의 최우선 재무과제는 결혼자금입니다. 자신이 계획한 금액을 마련하기 위해 스스로 계획을 세우기도 하지만 막연히 부모의 도움을 받으면 된다고 생각하는 사람도 꽤 많습니다. 그럴 때면 결혼비용에 대한 부모와 자녀의 생각 차이가 크다는 것을 느낍니다.

이 차이를 좁혀야 합니다. 자녀는 스스로 결혼자금을 마련할 계획을 세우고 실천하며, 부모는 좀 더 착실하게 은퇴 준비를 해야 합니다. 따라서 부모는 자녀가 성인이 되면 가정의 경제 상황에 대해 허심탄회하게 이야기하고 지원해줄 수 있는 정도를 구체적으로 알려주는 것이 좋습니다.

제게는 제 자녀 또래의 두 아들을 키우는 오랜 친구가 있습니다. 어느 날 아이들의 결혼비용 지원 이야기가 나왔고 저는 구체적인 금액을 확실하게 말해주라고 했습니다. 그래야 아이들이 큰 기대감을 갖지 않고 부족한 부분을 채울 방법을 고민해 스스로 결혼 계획을 세울 수 있기 때문입니다.

친구 부부는 군복무를 마친 두 아들과 솔직하게 이야기하는 시간을 갖고 결혼비용으로 각각 1억 원씩을 증여했습니다. 아직 학생인 아이들에게 1억 원은 상당히 큰돈이기에 부모에게 크게 고마워했다고 합니다.

2억 원이 적은 금액은 아니지만 친구는 이 돈을 가지고 있으면 다른 용도로 사용해 정작 아이들이 결혼할 때 이만큼도 지원하지 못할 수 있다는 걱정이 들어 증여를 결심했습니다. 두 아들에게는 아직 결혼 적령기까지는 충분한 시간이 있으니 이 돈을 종잣돈 삼아 잘 불려보라고 조언했습니다. 여기에 취업 후 월급까지 모으면 나름 든든한 버팀목이 될 것이라 생각한 것입니다. 증여까지 마치고 나니 친구는 부모로서의 도리를 어느 정도 해

낸 것 같아 마음이 홀가분했다고 합니다.

은퇴 준비에 대해 강의하면서 이 친구 이야기를 자주 합니다. 그때마다 꼭 듣는 질문은 아이들에게 결혼자금을 미리 증여했다가 다 써버리면 어떻게 하느냐는 것입니다.

저는 걱정과 염려가 담긴 부모의 마음이 담긴 소중한 돈을 무의미하게 다 써버리는 자녀는 많지 않겠지만, 혹시라도 돈을 더 불리기 위해 투자를 했다가 실패해 돈을 일부 잃더라도 아이들에게는 큰 경험이 될 것이며 다시 돈을 달라는 부탁도 하지 않을 거라고 대답합니다.

대학생 자녀에 대한 조기 증여는 아이들이 경제 개념을 빨리 깨우치는 데 도움이 됩니다. '7장 상속과 증여' 편에서 더 자세히 다루겠지만 성인 자녀에게는 10년간 증여세 공제한도로 5,000만 원을 두 번 증여할 수 있습니다. 이는 훗날 자녀가 집을 마련할 때 자금출처조사에 대비하는 방법이기도 합니다. 따라서 가정 경제에 대해 솔직한 대화를 나누고 여유가 있다면 미리 증여하는 것이 좋은 방법입니다.

## 최대치로 늘어난 가계소비 연착륙시키기

신입사원 월급은 저축도 빠듯할 만큼 적습니다. 그럼 경력이 쌓이고 연봉이 오르면 저축액이 늘어날까요? 아닙니다. 시간이 흘러 대리, 과장으로 진급해 연봉이 올라도 주택 마련을 위한 대출의 원리금 상환이나 아이들 교육비로 쓰고 나면 저축할 돈은 거의 없습니다.

차라리 신입사원 시절에는 자신만 챙기면 됐기에 연봉이 높은 지금보다 더 여유가 있었습니다. 결혼해 가정을 꾸리고 식구가 늘어나면 수입이 증가하는 속도보다 지출이 증가하는 속도가 훨씬 빨라집니다. 시간이 지나도 월급이 충분하지 못한 것,

이는 직장인의 숙명입니다.

문제는 늘 부족하다고 여겼던 월급마저도 퇴직 후에는 나오지 않는다는 것입니다. 은퇴 이후의 수입은 국민연금과 같은 공적연금과 퇴직연금, 개인연금 정도인데 대부분 월급보다 훨씬 적습니다. 그마저도 직장생활을 하면서 은퇴 준비를 하지 않았다면 훨씬 적을 것입니다.

과연 우리의 지출 규모는 얼마나 증가할까요? 자녀가 아직 학생이라면 아마도 최대치에 근접했을 것입니다. 이때는 월급을 많이 받아도 늘 돈이 부족합니다. 두 살 터울의 두 아들을 키우는 저 역시 아이들의 중·고등학교 시절에 늘 돈이 부족하다는 아내의 푸념을 듣곤 했습니다. 그럴 때마다 가슴이 답답했던 적이 한두 번이 아니었습니다. 당시 제 수입은 동년배와 비교했을 때 높은 편이었고 아내가 사치를 하거나 투자에 실패한 것도 아니었는데 이 시기에는 늘 돈이 부족했고 저축은 엄두도 내지 못했습니다.

그렇다면 자녀를 일찍 낳아 아이들이 은퇴 이전에 학업을 마치면 미래를 위해 저축할 여유가 생길까요? 안타깝게도 그 사이 부모님의 경제력이 단절됩니다. 또 다른 지출이 우리를 기다리고 있습니다.

## 생활을 다운그레이드하는 연습이 필요합니다

자녀의 학비와 부모님의 부양비 외에 우리가 저축하지 못하는 이유는 끊임없이 증가하는 생활비입니다. 딱히 사치하지 않아도 삶의 욕구를 조금씩 채우다 보면 모아둔 돈이 물 만난 솜사탕처럼 흔적도 없이 사라집니다. 결국 월급이 올라도 우리는 그것을 체감할 수 없습니다.

지금 늘어날 대로 늘어난 가계 지출도 마찬가지입니다. 우리는 이제부터라도 지출을 경착륙에서 연착륙으로 바꿀 수 있도록 대비해야 합니다. 이미 지출 규모가 커진 상태에서 은퇴하면 생활을 유지하기 어렵습니다. 그렇다고 무리해서 소비를 급격히 줄이면 자존감이 바닥을 치고 은퇴생활이 고통스러워집니다. 한동안 모아둔 목돈을 헐어 쓰는 것이 대안이 될 수도 있지만 이 시간 역시 길어지면 벼랑 위를 걷는 것처럼 불안해집니다.

이런 상황에 처하지 않으려면 지출 상황을 꼼꼼히 따져봐야 합니다. 자세히 들여다보면 불필요한 소비와 새는 돈이 많이 보일 것입니다. 우리의 자산관리에 뚫린 구멍을 막고 의미 없는 지출을 줄여야 생활비를 연착륙할 수 있습니다.

저는 운전을 늦게 배웠는데 먼저 운전면허를 딴 아내는 현대 자동차의 엑센트를 사서 몰았습니다. 이후 마흔이 다 돼서 면허를 취득한 저는 첫차로 같은 회사의 신형 그랜저를 구입했습니다. 어느 날 아내의 차를 운전하게 된 저는 파워핸들이 없고 불편한 승차감에 적응하지 못했습니다. 그리고 아내와 논의 끝에 엑센트를 중고차로 매각했습니다. 자동차 한 대를 처분한 것은 우리 가족이 충분히 감수할 만큼의 불편이었고 금세 적응했습니다.

지금보다 좋아지거나 편해지는 것에 적응하는 데는 노력이 필요 없습니다. 하지만 지금보다 나빠지거나 불편해지는 것에 적응하려면 많은 노력이 필요합니다. 당장 새는 돈을 막고 불필요한 지출을 줄이는 데는 불편함과 고통이 따를 것입니다. 하지만 3개월 정도 실천하다보면 적응이 됩니다. 이때 다시 지출을 분석하고 구멍을 찾아내 쓸데없이 새는 돈을 줄이고 불편함에 적응하는 과정을 반복하기 바랍니다.

작지만 꾸준한 반복은 은퇴 준비를 앞당겨주고 은퇴 이후에 지출을 급격히 줄이면서 겪게 될 고통을 미리 덜어줄 것입니다. 이 방법은 '8장 은퇴 재무설계 워크숍'에서 자세히 살펴보겠습니다.

## 노년을 가난하게 만드는 재무 실수 3

저는 평소 은퇴 재무설계 강의를 할 때면 수강생들에게 "50대에 들어서면 재무적인 선택을 할 때 신중해야 한다"라고 강조합니다. 요즘 '칠순 거지', '무전장수' 같은 말로 노후의 불안을 자극해 금융상품을 판매하는 공포 마케팅이 기승을 부리고 있습니다. 은퇴를 목전에 둔 시기에 불안을 느껴 그릇된 판단을 하거나, 잘못된 결정을 유도하는 사람에게 이끌려 자칫 실수라도 하면 평생 모아둔 자산을 날릴 수도 있습니다.

노년의 돈을 노리는 유혹은 다양하지만 특히 제가 많이 보고 접한, 절대 해서는 안 될 세 가지 재무 선택을 살펴보겠습니다.

## 1. 은퇴 무렵 보장성 보험 가입은 금물

제가 상담한 50대 중반의 부부는 기존에 가입한 보장성 보험을 해지하고 더 오래, 더 많이 보장된다는 새로운 보험에 가입하고 싶어 했습니다.

부부가 가입한 보험은 이미 15년을 납입해 5년만 더 납입하면 계속 갱신해야 하는 실손 의료비를 제외하고는 더 이상 보험료를 납입하지 않아도 되는 보험이었습니다. 그런데 이를 해지하고 앞으로 20년 동안 매월 40만 원씩을 납입해야 하는 보험에 새로 가입하겠다는 것입니다. 오랜 설득 끝에 부부는 겨우 마음을 돌렸습니다.

이들 부부의 선택을 막기 위해 필사적으로 노력한 데는 두 가지 이유가 있습니다. 부부는 대기업 직장인으로 연봉이 높아 퇴직 전까지 매월 40만 원을 보험료로 납입하는 데 큰 어려움은 없는 편입니다. 하지만 앞으로 5년 뒤에 퇴직하면 지금보다 훨씬 적은 수입으로 생활해야 합니다. 그때도 매월 40만 원씩 보험료를 납입하는 것이 쉬울까요? 분명 가정 경제에 큰 부담이 될 것입니다.

보통 퇴직하고 보험료가 부담돼 금액을 줄이거나 보험 전체를 해지하는 경우가 많습니다. 보험료를 줄이는 리모델링은 중요하지만, 노후에 꼭 필요한 보험을 해지하고 다른 보험에 가입하는 것은 위험합니다. 보험은 보통 20년간 보험료를 납입하는 조건으로 가입합니다. 그런데 이들 부부처럼 퇴직이 5년밖에 남지 않은 상황에서 20년을 내야 하는 보험에 새로 가입한다면 스스로 무전노인으로 가는 지름길을 선택하는 것과 같습니다.

게다가 퇴직 이후에 건강보험은 지역가입자로 전환되어 보험료가 크게 올라갑니다. 수입은 줄고 지출은 늘어나는 상황에서 새로운 개인보험 가입은 생활에 부담을 줄 수밖에 없습니다.

노년에 새로운 보험으로 갈아타지 않아야 하는 또 다른 이유는 보험 가입 시기에 따른 보험료 차이입니다. 15년 전, 기존 보험에 가입했을 때는 30대 후반~40대 초반으로 보장항목 중 하나인 암 진단비 2,000만 원을 보장받기 위해 납입해야 할 보험료가 그리 높지 않았습니다.

하지만 50대인 지금 암 진단비 2,000만 원을 보장받으려면 두 배 이상의 보험료를 납입해야 합니다. 즉 기존에 가입한 보험은 적은 금액에 앞으로 5년만 더 내면 80세까지 보장받을 수 있지만 새로운 보험은 두 배 이상의 금액을 20년간 내야 합니다.

그것도 한 푼이 아쉬운 은퇴생활기에 말입니다.

여유를 갖고 찬찬히 따져보면 현재 가입한 보험이 보장은 조금 부족할지 몰라도 그냥 가지고 가는 게 훨씬 합리적이고 현명한 결정이라는 것을 깨달을 수 있습니다.

매월 40만 원씩 20년을 납입하면 원금만 9,600만 원이라는 큰 금액입니다. 이 돈을 은퇴 생활비에 보태면 좀 더 안정적인 노후를 보낼 수 있습니다.

아니면 퇴직 후에 모아놓은 자산에서 현재 가치로 3,000만 원 정도를 의료비 통장으로 따로 떼어 놓았다가 몸이 아플 때 그 돈으로 부족분을 해결하면 됩니다. 보험료로 납입한 돈은 보험사가 보관해 놓았다가 보험금 지급 사유가 발생할 때만 내게 지불하는 돈이지만 직접 따로 모아 놓은 돈은 오롯이 자신이 보관하고 있다가 필요할 때마다 유용하게 사용할 수 있는 돈입니다. 내 의지에 따라 그 돈을 잘 운용해서 더 크게 키울 수도 있습니다.

## 2. 노후에 보험사의 연금보험 가입도 금물

보험사의 연금보험은 매월 납입하는 보험료에서 사업비가 차지하는 비중이 생각보다 꽤 큽니다. 보통 월 보험료의 12% 내외로 매월 50만 원을 보험료로 납입한다면 그중 6만 원이 사업비라는 이야기입니다. 사업비를 뗀 나머지 44만 원이 적립되는데 현재 공시이율로는 가입 후 8년~9년이 지나야 비로소 원금이 됩니다.

55세에 연금에 가입하면 63세나 돼야 원금이 되는데 언제 이 돈이 불어나 실질적인 연금 역할을 하겠습니까? 아마 80세쯤 연금으로 받아야 보험회사 직원들 말처럼 비과세와 복리 효과를 누리면서 납입원금 대비 효과적인 연금액이 될 것입니다.

퇴직이 5년 밖에 남지 않은 시점에서 미래에 받을 연금이 부족하다며 새로운 연금보험에 가입하는 것은 의미가 없습니다. 80세쯤에 연금을 개시해야 효과적인 상품일 뿐이며 그 전까지는 무전노인으로 살아갈 가능성이 높습니다. 그러니 50대에는 절대 연금보험에 가입하면 안 됩니다.

개인연금이 부족한 50대라면 이를 보완하기 위해 세액공제를 받으며 노후를 준비할 수 있는 연금저축펀드('4장 개인연금' 편에서 설명)와 IRP('3장 퇴직연금'편에서 설명)에 가입하는 것이 가장 좋습니다. 퇴직 전에는 납입한 금액에 대해 연말정산 시세액공제를 받아 추가 수익을 올리고 퇴직 후에는 납입을 중단하거나 능력이 된다면 계속 납입해 노후생활 후반부를 대비하는 것이 가장 좋습니다.

## 3. 퇴직연금 일시금 수령도 금물

은퇴의 핵심은 공적연금과 퇴직연금, 그리고 개인연금의 3층 보장으로 은퇴 후에도 월급을 받는 것처럼 매월 현금흐름을 만드는 것입니다.

저는 종종 강의 중 퇴직이 5년 정도 남은 사람들에게 퇴직연금을 일시금으로 받을 것인지, 아니면 연금으로 받을 것인지를 물어봅니다. 그러면 수강생의 70%는 연금으로 받겠다고 대답합니다. 하지만 통계자료를 보면 실상은 전혀 다릅니다. 건수 기준으로 90% 이상이, 적립금액 기준으로는 70% 이상이 연금이 아닌 일시금으로 받습니다. 그나마 다행인 것은 매년 연금으로 받는 은퇴자가 증가하고 있다는 사실입니다.

특히 퇴직연금 적립금액이 적을수록 일시금으로 받는 비중이 높습니다. 적립금액이 적은 이유는 퇴직연금을 중도 인출해서 사용해버렸기 때문입니다. 남은 금액이 크지 않다 보니 일시금으로 찾고 흐지부지 사용하다 보면 퇴직연금은 연기처럼 사라져 은퇴생활에 전혀 보탬이 되지 않습니다. 이는 무전노인으로 가는 첫 번째 지름길이라 할 수 있습니다.

따라서 50대에는 절대로 퇴직연금을 중도 인출하거나 일시금으로 수령해서 사용하면 안 됩니다. 퇴직연금을 적극적으로 운용해 적립금을 조금이라도 더 불려 놓아야 은퇴 후에 공적연금과 개인연금에 더해 생활비를 월급처럼 받을 수 있습니다.

많은 사람들이 정년퇴직한 공무원을 부러워합니다. 그들이 받는 공무원연금이 국민연금 수령액보다 훨씬 많아 은퇴생활에 실질적인 도움이 되기 때문입니다. 하지만 공무원들도 현직에 있을 때 월급의 높은 비중을 강제로 매달 적립했기 때문에 여유로운 노후가 가능한 것입니다. 국민연금에 가입한 직장인이 이 차이를 조금이라도 메꿀 수 있는 가장 현실적인 방법은 국민연금을 꾸준히 납입하고, 퇴직연금 또한 잘 지키고 불려 은퇴 후에 연금으로 차곡차곡 받는 것입니다.

## 은퇴 후 귀농의 꿈이 위험한 이유

중장년층 부부의 은퇴 재무설계 상담을 진행할 때 은퇴 후에 어디에서 살 것인지 물어봅니다. 은퇴 후 주거지 결정이 노후의 재무설계에 매우 중요하기 때문입니다. 이 질문에 귀농이나 귀촌을 하겠다고 대답하는 남편들이 많습니다. 특히 지방에서 태어나 학업이나 취업 때문에 고향을 떠나온 사람들이 더욱 그러합니다.

그런데 남편의 말을 들은 아내의 반응은 신기하게도 비슷합니다. 잠시 남편을 멀뚱히 쳐다본 후 "그럴 거면 당신 혼자 가"라고 대답합니다. 부부가 이렇게 다른 생각을 하는 데는 여러 가지 이유가 있겠지만 무엇보다 그동안 맺어온 인간관계의 질이 다른 것이 가장 큰 원인입니다.

## 가족의 동의 없는 귀농은 실패한다

남편은 학교와 직장생활에서 쌓은 인맥이 대부분입니다. 특히 직장에서 맺은 인맥은 은퇴 후에는 많아야 1년에 한두 번 만날 뿐 생활 인맥으로 이어지지 않습니다. 정기적인 동창 모임 등으로 친한 친구를 만나는 게 대부분이라 귀농이나 귀촌을 해도 모임에 참석하거나 친구들과 만나는 데 별 지장이 없습니다.

반면 아내는 결혼 후 주거지나 아이들 학교를 중심으로 인간관계가 새롭게 재편되는 경우가 많습니다. 자녀가 성장하면서 모임의 종류도 점차 다양해집니다.

아이가 어릴 때는 학습을 위해 백화점이나 대형 마트의 문화센터를 자주 찾았다면, 아이가 커서 여유가 생기면 자신의 배움과 취미생활을 위해 그 장소를 다시 찾습니다. 필라테스나 골프 같은 운동이나 새로운 것을 배우며 인간관계가 또 넓어집니다. 아내들은 남편과 달리 짧은 시간에 새로운 인간관계를 탄탄하게 만드는 재능을 가졌습니다. 특유의 친밀함 덕분에 남편이 회사에 가거나 자리를 비워도 잘 지내는 데 익숙합니다. 또 남편 없이도 해야 할 일, 할 수 있는 일이 너무도 많습니다.

이런 상황에서 갑자기 귀농이나 귀촌을 하자는 남편의 제안에 자신의 생활을 포기하고 흔쾌히 따라나설 아내는 거의 없습니다. 그럼에도 남편이 일방적으로 귀농이나 귀촌을 강행한다면 요즘 크게 증가하고 있다는 황혼 이혼을 당할지도 모릅니다. 또한 부부 사이에 권력의 크고 적음을 나눌 필요는 없지만 은퇴 후 부부 관계에서는 남편이 상대적으로 약자가 될 확률이 높습니다.

NH투자증권 100세시대연구소에서 발간한 〈2021 대한민국 농촌경제보고서〉에는 귀농 · 귀촌인의 애로사항에 관한 설문조사 결과가 실렸습니다. 이들은 지역사회 생활을 하는 데 곤란한 점으로 힘든 노동, 의료와 문화 등 생활 여건의 불편함, 마을 사람과의 인간관계 순으로 꼽았습니다. 그 외에도 지역에 친구가 적음, 배우자(자녀)가 농촌생활에 적응하지 못함, 마을 사람들의 잦은 간섭이나 초대 등 다양한 어려움이 있다고 응답했습니다. 이 같은 이유로 적응하지 못하고 역귀농 · 역귀촌을 했거나 앞으로 할 생각이 있는 잠재적 이탈자가 계속 증가하는 중이라고 합니다.

여기서 귀농과 귀촌을 구분할 필요가 있습니다. 귀농은 소득의 일부 또는 전부를 농업에서 얻는 '농업을 생업으로 하는 것'입니다. 그에 반해 귀촌은 전원생활을 위해 도시에서 농촌으로 이전하는, '농업 외적인 부분에서 소득을 얻는 것'입니다. 이러한 차이가 있지만 익숙한 도시를 떠나 낯선 농촌이나 지역으로 이전하는 커다란 변화라는 점에서는 같습니다.

도시에서 수십 년을 살아온 도시 친화적인 사람이 수려한 자연경관이나 쾌적하고 안락한 전원생활에 대한 로망에 젖어 즉흥적으로 귀농이나 귀촌을 결행한 경우 이상과 현실의 괴리에 힘들어하다가 많은 것을 잃기 쉽습니다.

## 귀농을 꿈꾼다면 공부부터 시작할 것

따라서 귀농 · 귀촌을 고려하고 있다면 부부가 오랜 시간 충분한 상의를 거쳐 확실하게 동의하는 과정이 선행돼야 합니다. 두 사람 모두 뜻을 같이 한다면 그다음에는 철저하게 사전 준비에 돌입합니다. 특히 도시에서 농촌 등으로 주거지를 옮기는 귀촌과 달리 농업으로 생계를 해결해야 하는 귀농은 더욱 꼼꼼한 준비와 대비가 필요합니다. 정착을 원하는 지역을 탐색하고 정부나 지방자치단체의 귀농 및 귀촌 관련 지원제도를 알아보고 농사짓는 법 등의 교육도 받아야 합니다.

17년 전 대기업 해외 지사에서 근무하다가 본사로 발령받은 40세 직장인의 재무상담을 했습니다. 그는 앞으로 딱 10년만 직장생활을 한 뒤 50세부터는 인생 2막의 길을 걷고 싶다며 그에 맞는 재무설계를 요청했습니다.

사실 50세의 대기업 직장인은 연봉이 인생에서 정점을 찍을 시기입니다. 회사에서 나가라고 강요하지 않는 한 웬만해서는 자발적 퇴사를 선택할 사람이 거의 없기 때문에 그의 말을 쉽게 믿을 수 없었습니다. 내심 긴가민가하면서도 요구에 맞춰 재무설계를 해주었습니다.

10년 후, 그는 자신의 말대로 50세에 회사를 나와 앙코르커리어의 길로 들어섰습니다. 앙코르커리어는 인생 후반에 지속적 수입, 개인적 의미와 성취, 사회적 영향력이라는 세 가지 가치를 모두 만족하는 일자리를 의미합니다. 대학원에서 공부를 마친 뒤 현재는 신중년과 지방을 연결하는 여행 플랫폼 '패스파인더'의 대표로 활동하고 있습니다. 지방을 여행하고 싶거나 한번 살아보고 싶은 중년에게 새로운 경험과 기회를 제공하는 기업입니다. 회사는 입소문을 타며 꾸준히 성장하는 중입니다.

이처럼 퇴직하기 전부터 오랜 시간 뚜렷한 목표를 세우고 치밀하게 준비해야 성공적인 인생 2막을 맞이할 수 있습니다. 귀농과 귀촌에 정말 관심이 있다면 패스파인더에서 운영했던 '강릉 살아보기', '남원 살아보기', '인제 살아보기' 등의 프로그램에 참여해보는 것도 좋습니다. 회사에 다니고 있어도 연차나 월차 같은 휴가를 활용하면 충분히 참여 가능합니다. 부부가 함께 참여한다면 귀농이나 귀촌에 대한 작은 체험을 통해 더 깊은 이야기를 나눌 수도 있습니다.

## 상속세, 더 이상 자산가들만의 고민이 아니다

과거에 상속세나 증여세는 부자들만의 이야기였습니다. 하지만 지금은 다른 이야기가 되었습니다. 2000년대 중반에 재테크에 관심이 많았던 사람들 사이에서 '10억 만들기'가 한창 유행했습니다. 당시 10억 원이 부자의 기준이었기 때문입니다.

하지만 지금은 10억 원의 자산을 보유한 사람을 부자라며 부러워하지 않습니다. 물론 여전히 큰돈이지만 돈 걱정하지 않아도 될 만큼 충분한 금액은 아니기 때문입니다. 재무설계를 하면서 부자라고 할 수 있는 자산의 금액이 어느 정도냐고 질문하면 최소 30억 원은 있어야 한다고 말하는 경우가 많습니다. 누군가는 30억 원으로는 강남에 아파트 한 채 사기도 어려우니 집을 뜯어먹고 살 게 아니라면 그 돈도 충분하지 않다고 말하기도 합니다. 그동안 부동산을 비롯한 다른 자산의 가치가 상승하면서 부의 기준치도 덩달아 높아졌기 때문입니다.

그렇다면 자산을 얼마나 보유하면 상속세를 내야 할까요? 상속재산에 대해 단순히 일괄공제를 적용한다고 가정하면 사망 시 배우자가 생존해 있으면 10억 원, 배우자가 먼저 사망해 자녀들만 있으면 5억 원만 초과해도 상속세 납부대상이 됩니다. 이제 서울이나 수도권에 주거 목적의 아파트 한 채만 보유하고 있어도 상속세를 내야 하는 것입니다.

통계청 자료에 따르면 2014년에는 상속세 납부 대상이 4,796명에 평균 상속재산이 22억 5,878만 원이었는데 2021년에는 1만 4,951명에 44억 1,250만 원으로 납부 대상과 평균 상속재산 모두 크게 증가했습니다.

앞으로 자산 가격이 폭락하지 않는 한 납부 대상과 평균 상속재산 모두 계속 증가할 것입니다. 부부가 양가에서 모두 상속받거나 앞으로 계속 돈을 번다면 자산은 꾸준히 늘어나고, 지금은 상속세 납부 대상이 아니라 해도 언제든 대상이 될 수 있습니다. 지불해야 할 상속세도 크게 증가할 것입니다.

이에 비해 상속공제 한도나 상속세율은 1997년 이후 현재까지 거의 변하지 않았습니다. 부자 감세에 민감한 우리나라에서는 당분간 세금 부담을 줄이는 개편안이 확정되기는 어려워 보입니다.

## 일반인도 미리 상속을 준비해야 하는 이유

지금 상속세를 가장 많이 고민하는 연령은 70대 이후의 노인층입니다. 이들은 사망하기 전까지 재산을 가지고 있어야 자녀가 부모를 무시하지 않고 대접받을 수 있다고 생각하는 경향이 강합니다. 실제로 재산을 일찍 물려줬다가 자녀들의 무관심 때문에 상처받거나 자녀들에게 홀대받는다는 주변 사람들의 이야기가 심심치 않게 들려오기 때문입니다.

하지만 이들에게 평생 애써 모은 돈을 자녀에게 물려주면서 자녀가 세금을 많이 내기를 원하느냐고 물어보면 그렇다고 대답하는 사람은 한 명도 없습니다. 탈세는 아니어도 최소한 절세는 하고 싶어 합니다. 이런 바람과 달리 사망하기 직전까지 재산을 보유하고 있으면 미리 준비한 사람들보다 더 많은 세금을 내야 합니다. 절세는 사망 이후에는 불가능하므로 살아 있을 때 준비해야 합니다.

일찌감치 재산 상속을 정리해 두지 않으면 사망 후 자녀들이 재산을 나누는 과정이 순탄치 않습니다. 많으면 많은 대로, 적으면 적은 대로 자녀들 사이의 다툼이 벌어지는 것이 상속입니다.

유산상속 분쟁은 자산가의 자녀들이나 하는 거라고 생각하지만 의외로 소액 분쟁이 많습니다. 고작 500만 원으로 자녀 간 싸움이 벌어집니다. 부모의 생전에는 사이좋던 자녀들도 사후에 재산을 분할하는 과정에서 소송까지 불사하며 남보다 못한 사이로 지내는 일이 흔합니다.

누가 얼마나 더 많이 받을 것인지를 두고 싸우는 일이 가장 많지만 세금 문제로 사이가 틀어지는 일도 많습니다. 상속세나 증여세는 재산의 규모가 커질수록 세율이 높아지는 누진세율을 적용하므로 상속 및 증여 계획을 빠르게 세우고 실행할수록 그만큼 세금도 많이 아낄 수 있습니다. 부모의 사후에도 자녀들의 관계에 금이 가지 않는 것은 덤입니다.

4050세대의 은퇴 재무설계에 있어서도 마찬가지입니다. 부부가 은퇴생활을 편안히 보낼 수 있는 월 단위의 현금흐름을 만들고 나서도 남은 자산이 있을 것으로 예상된다면 미리 사전 증여 계획을 세워 실천해야 합니다. 오랜 시간 노력해 쌓은 부를 자녀에게 물려주면서 조금이라도 더 세금을 아낄 수 있는 합리적인 방법을 찾는 것입니다.

훗날 자녀가 주택을 구입하게 되면 자금출처조사를 받게 될 것입니다. 스스로 자금을 모아 집을 구입한다면 별 문제가 없겠지만 부모의 도움을 받으면 그만큼 증여세를 내는 것 외에는 달리 방법이 없습니다. 부모가 살아 있는 동안 어떻게 준비해야 증여세를 덜 낼 수 있으며, 훗날 부모의 사후에 상속세까지 줄일 수 있는지는 '7장 상속과 증여' 편에서 자세히 알아보겠습니다.

오 부장의 맞춤 은퇴 과외 1

## 뜻하지 않은 퇴직을 맞는다면 제일 중요한 것은 무엇인가요?

퇴직 후 많은 사람들이 국민연금이나 개인연금, 그리고 퇴직 후에도 다닐 수 있는 새로운 직장에 관해 고민합니다. 물론 노후에는 이 내용도 중요하지만 필수적인 전제조건이 있습니다.

### 1 | 좋은 부부 관계 유지를 위해 노력하세요

최근 이혼 남성의 상담이 늘었습니다. 중장년층의 이혼은 재산분할도 함께 거치는데 이때 두 사람 개개인의 노후 재정상황이 심각하게 나빠집니다. 미래에셋 은퇴연구소는 2017년에 '60대가 빠질 수 있는 5대 위험'을 발표했습니다. 황혼 이혼, 창업 실패, 성인 자녀 부양, 중대 질병, 금융사기가 그것입니다. 50대 이후의 이혼 남녀를 상담할 때마다 가장 중요한 은퇴 준비는 돈보다 평화로운 부부관계라는 것을 절감합니다. 부부가 노년에도 뜻을 함께하며 살아간다는 것은 재무적으로도 매우 중요합니다. 재무적인 측면에 관해서는 '2장 국민연금' 편에서 자세히 이야기하겠습니다.

삼성생명 은퇴연구소 조사에 따르면 은퇴자의 아내가 가장 힘들어하는 것은 남편이라고 합니다. 실제로 은퇴자의 아내들은 남편 뒷바라지보다 부부 간에 정서적으로 부대끼는 것에 더 많은 어려움을 느낀다고 합니다. 그에 반해 조사 대상의 60%에 달하는 남편들은 함께 있을 때 가장 즐거운 상대로 배우자, 즉 아내를 꼽았습니다.

한때 일본에서는 퇴직한 남성들이 사회적 문제로 떠오르기도 했습니다. 중장년 남성들이 세탁기 같은 가전제품 사용을 하지 못해 AS센터 상담원을 붙잡고 "내가 업계에서 일해봐서 아는데, 이런 기본적인 것도 비논리적으로 만들어놓느냐!" 하며 과거 현역 시절을 들먹이며 어깃장을 놓는 경우가 많았기 때문입니다. 그래서 일본은 은퇴를 앞둔 남성을 대상으로 세탁기나 전기밥솥 같은 가전제품 사용법은 물론 청소와 요리 등 기초 가사를 교육한다고 합니다.

직장에서 보인 유능한 모습만큼 집에서도 가족 구성원으로서 제몫을 다 해야 합니다. 이것이 첫 번째 은퇴 준비입니다.

## 2 | 현금자산 비율을 늘려야 합니다

특히 대출은 은퇴 직전까지 반드시 상환해야 합니다. 월급이라는 고정 수익이 있을 때는 대출 원리금 상환이 크게 부담되지 않습니다. 하지만 주된 일자리에서 퇴직 후 소득이 줄어들거나 사라지면 대출은 큰 부담입니다. 게다가 최근처럼 기준금리가 꾸준히 상승해 고금리 시대에 돌입하면 매월 갚아야 할 대출이자도 그만큼 증가합니다. 금리가 높아지면 은퇴 후의 삶은 팍팍할 수밖에 없습니다.

은퇴 전까지 자산을 정리해서라도 반드시 대출을 상환하기 바랍니다. 당장 은퇴 후 금융자산이 빠듯하다면 불필요한 보험이나 고점에 물려 10년째 묵히고 있는 주식, 30년째 개발만 기다리는 땅, 언제 오를지 모르는 미술품 등을 정리해 금융자산을 늘리고 대출을 상환해야 합니다. 마냥 행운을 기다리기보다 현금화할 수 있는 자산을 활용해야 할 때입니다. 또한 부동산처럼 형제 간에 얽혀 있는 자산도 부모가 생존해 계실 때 정리하는 것이 중요합니다.

## 3 | 평생 모은 돈, 절대 잃으면 안 됩니다

세상은 빨리 변하며 나이 들수록 판단력은 흐려집니다. 잘못된 정보를 바탕으로 그릇된 판단을 하는 퇴직자들이 많은데 이들이 돈을 잃는 가장 대표적인 방법은 금융상품 가입과 창업, 투자입니다. 특히 재무쪽이나 금융업계에서 일했던 이들이 채권이나 파생상품이 결합된 복잡한 금융상품에 투자했다가 큰 손해를 본 경험을 털어놓는데 잘 안다고 과신했기 때문입니다. 분야에 정통해도 성공하기 힘든 게 투자인데 만약 비참한 노후에 관한 이야기로 겁을 주며 금융상품 가입을 권하거나 투자를 종용하는 사람이 있다면 반드시 피해야 합니다.

퇴직을 하면 평소 만져보기 힘든 목돈이 생깁니다. 퇴직금으로 스터디카페나 코인 빨래방을 차릴까 고민하거나, 자금이 넉넉할 때는 목 좋은 곳에 맥도날드나 스타벅스 같은 프랜차이즈를 차릴까 고민하는 분들을 봅니다. 하지만 미래에셋은퇴연구소가 발표한 자료에 따르면 퇴직 이후 창업에 뛰어들었다가 3년 이내에 휴·폐업한 확률이 46.9%나 됩니다. 1년 이내에 휴·폐업할 확률도 18.5%였습니다. 전문가들은 창업을 고민하는 퇴직자에게 이렇게 조언합니다.

"창업을 하고 싶다면 반드시 그 매장이나 업종에서 6개월 이상 직원으로 일해보라."

제가 상담한 한 대기업 임원은 퇴직 후 신도시에 균일가 생활용품 매장을 창업할 생각이었습니다. 계속 아파트가 들어서고 위치도 좋아서 다들 이 지역을 선점하면 성공할 가능성이 높다고 이야기했습니다. 그는 창업 컨설턴트와 함께 건물을 알아보는 동시에 실제 매장 직원을 수소문해 좀 더 내밀한 이야기를 들었습니다.

그리고 얼마 후 그는 창업 계획을 접었습니다. 가맹비와 넓은 매장의 높은 월세는 둘째 치고 여러 명의 아르바이트생을 고용할 인건비와 어려운 관리감독, 여기에 도난 사고가 빈번해 사장도 직접 매장에 나와서 지켜봐야 하는 등 고충이 많았습니다. 매일 새로 입고되는 상품을 옮기고 재고를 확인하는 일도 체력 소모가 크다는 얘기를 들었습니다. 머리로 생각하는 것과 실제 창업을 하고 매장을 경영하는 것은 완전히 달랐습니다.

특히 주5일제 근무로 사무실에서 앉아서 일하는 데 익숙한 직장인들은 매일 밤 10시에 마감하고 한 달에 하루이틀 쉬는 패턴을 견디지 못한다고 합니다. 아무리 현직에서 월화수목금금금으로 일했다 하더라도 자영업자의 생체시계는 직장인과 완전히 달랐습니다.

그렇다고 퇴직 후 창업한 사람들이 모두 실패한 것은 아닙니다. 창업 성공으로 직장인 시절보다 더 여유로운 생활을 누리는 사람들도 있습니다. 그들의 공통점은 기존에 하던 일에서 발견한 아이디어를 공부하고 연구해 틈새시장에 자리 잡은 것입니다. 오래 몸담아온 일과 직무 연관성이 높은 분야의 창업은 거래처를 늘리기도 쉽고 인맥을 활용해 새로운 수익을 창출할 수도 있어 리스크가 줄어듭니다. 따라서 창업을 생각하고 있다면 작은 사무실을 구해 컴퓨터 한 대 놓는 정도의 투자비에 자신이 잘 알고 있는 분야에서 새로운 가치를 창출할 수 있는 일을 찾는 것을 추천합니다.

### 4 | 아픈 곳은 퇴직 전 미리 치료하세요

나이가 들면 돈도 돈이지만 병원 가는 것이 두려워집니다. 젊을 때는 깨끗했는데 나이가 들수록 자꾸 뭐가 보인다고 합니다. 지금은 귀찮아서 안 가지만 나중에는 무서워서 못 가게 됩니다. 그러니 은퇴 전에 가능한 미리 병원 치료를 마쳐놓기 바랍니다.

은퇴 전 건강검진을 받고 아픈 곳이 있다면 꼭 치료를 마쳐야 합니다. 신경 쓰이는 종양이나 물혹은 조직검사를 한 뒤 필요하다면 수술도 받는 것이 좋습니다. 특히 보철 치료나 임플란트처럼 비용이 많이 드는 시술은 은퇴 전에 끝내놓아야 합니다. 65세 이상이 임플란트 시술을 받으면 건강보험으로 두 개까지 30%의 비용만 내면 되지만, 그것도 은퇴 후에는 큰돈입니다. 또 치과 치료는 한 살이라도 젊을 때 받아야 체력이 받쳐주고 생착률도 높습니다. 매년 스케일링을 받는 것도 잊지 않길 바랍니다.

### 5 | 가족들에게 경제 상황과 앞으로의 계획을 공유해야 합니다

은퇴는 한 사람의 변화이지만 이 충격은 가족에게도 고스란히 전해집니다. 배우자와 자녀들은 내색하지 않을 뿐 커다란 심경의 변화를 겪습니다.

저를 찾아온 한 고객은 자신이 퇴직한 후 중학생 아이가 부모 몰래 아르바이트를 하려 했다는 사실에 충격을 받았다고 말했습니다. 일자리를 잃은 부모에게 부담을 주기 싫은 자녀가 몰래 학원을 그만두거나 진로를 포기한 것을 뒤늦게 알고 후회하는 경우도 있었습니다. 이런 일이 발생하지 않도록 배우자는 물론 자녀에게도 현재의 경제 사정과 앞으로의 계획을 공유하는 과정이 필요합니다.

사실 퇴직자 스스로도 무엇을 해야 할지 막막한 상황인데 무엇을, 어디까지 공유해야 할지 판단이 서지 않을 것입니다. 하지만 가족의 안정을 위해 억지로라도 루틴을 만들어 공유하는 것이 좋습니다. 가령 매달 연금으로 대략 어느 정도의 금액을 받는지, 소비 및 지출 수준이 어떻게 바뀌어야 하는지, 자녀들의 학자금과 결혼비용 등은 어디까지 지원 가능한지 등을 솔직히 말해주어야 자녀들도 스스로 자신의 앞날을 준비할 수 있습니다.

2장

# 국민연금,
# 더 받을 수 있습니다

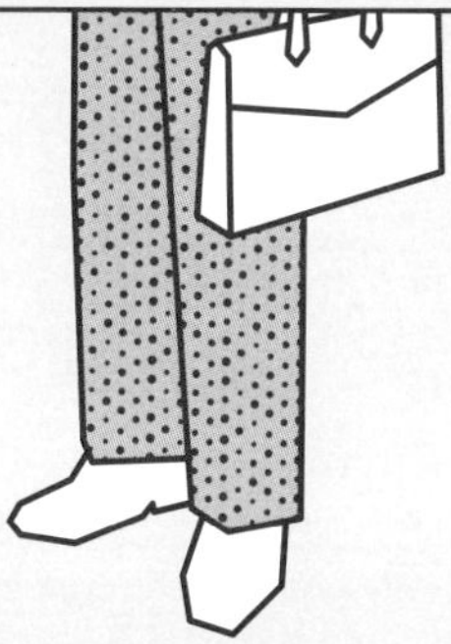

## 국민연금, 현재 가장 좋은 연금인 이유

은퇴준비 강의를 할 때 사람들이 가장 막막하게 느끼는 부분은 내가 몇 살까지 건강하게 살 수 있을지 모르는 상황에서 은퇴 이후의 삶을 준비해야 한다는 것입니다.

삶은 예측한 대로 흘러가지 않습니다. 따라서 우리는 평균수명에 맞춰 은퇴 준비를 해야 합니다. 내가 언제까지 살지 섣불리 예단해 준비하는 것보다 겸허한 마음으로 성실하게 앞날을 준비하는 것이 우리가 해야 할 일입니다.

2021년 통계청에서 발표한 한국인 기대수명은 남성 80.5세, 여성 86.5세입니다. 앞으로 국민연금은 '많이 내고 덜 받고 늦게 받을' 가능성이 높지만 현재 연금을 받고 있거나 곧 받게 될 50대에게는 다른 어떤 것보다 좋은 연금입니다.

특히 수익률과 인플레이션 방어 측면에서 국민연금 같은 공적연금을 대체할 수 있는 것은 없습니다. 게다가 사망할 때까지 연금을 받을 수 있는 종신형이고 사망 후에는 유족이 연금을 수령할 수 있으며, 장애를 입어도 연금 수령이 가능한 보험 기능도 제공합니다.

하지만 기금 고갈 문제가 심각해 앞으로는 지급액이 줄어드는 방향으로 국민연금을 개혁할 수밖에 없습니다. 다만 국민들의 저항이 큰 문제이기에 당분간은 지급액이 크게 줄어들지는 않을 것입니다. 대신 납입하는 금액은 꾸준히 증가할 것입니다. 지금부터 은퇴 후 기초생활을 보장해주는 국민연금을 잘 활용해 편안한 노후를 누릴 수 있는 방법을 살펴보겠습니다.

## 국민연금 자세히 알기

국민연금에는 네 종류가 있습니다.

**1** | **노령연금** 가입기간이 10년 이상일 때 만 61세~65세에 도

달하는 시기부터 평생 연금 지급

2 | **장애연금** 국민연금 가입기간 중 질병, 부상으로 장애가 남은 경우 장애가 존속하는 동안 지급

3 | **유족연금** 10년 이상 가입한 연금 수급자가 사망하는 경우 배우자나 만 25세 미만 자녀에게 지급

4 | **반환일시금, 사망일시금** 연금 수급조건을 충족하지 못한 경우 납부한 보험료에 이자를 가산해 지급

대부분 노령연금으로 수령합니다. 1988년에 국민연금 제도를 처음 시행했을 때 연금 개시 연령은 만 60세였습니다. 1998년 국민연금 개혁안에 따라 1957년~1960년생은 만 62세, 1961년~1964년생은 만 63세, 1965년~1968년생은 만 64세, 1969년생 이후는 만 65세부터 수령할 수 있습니다. 이 책에서는 현재 국민연금법상 가장 늦게 개시(만 65세)하는 연령인 1969년 이후 출생자를 기준으로 설명하겠습니다.

국민연금 수령시기가 되면 국민연금공단에서 '노령연금 지급청구서'를 우편으로 발송합니다. 이 청구서와 신분증, 혼인관계증명서, 통장사본을 가지고 국민연금공단에 방문하거나 홈페이지(www.nps.or.kr), 모바일 앱('내 곁에 국민연금')에서 신청

**출생연도별 국민연금 수령시기**

| 연금 종류 | 1957~1960년생 | 1961~1964년생 | 1965~1968년생 | 1969년생 이후 |
|---|---|---|---|---|
| 국민연금 (노령연금) | 만 62세 | 만 63세 | 만 64세 | 만 65세 |
| 조기노령연금 | 만 57~61세 | 만 58~62세 | 만 59~63세 | 만 60~64세 |
| 연기연금 | 만 63~67세 | 만 64~68세 | 만 65~69세 | 만 66~70세 |

하면 됩니다. 지금까지 납입한 국민연금액과 내가 받을 수 있는 미래의 예상 연금액을 확인하고 싶다면 국민연금공단 홈페이지의 '내 연금 알아보기' 서비스를 이용하기 바랍니다.

국민연금 홈페이지, '내 연금 알아보기'(공인인증 필요)

## 나라에서 책임지는 가성비 최고 은퇴상품

국민연금이 일반 사기업의 개인연금보다 좋은 점은 크게 두 가지입니다. 하나는 개인연금에 비해 납입한 금액보다 훨씬 많은 금액을 연금으로 사망할 때까지 수령할 수 있다는 것입니다.

특히 납입 금액이 적을수록 환급률이 높습니다. 현재 최소 납입금액인 월 3만 1,500원을 20년간 납입하면 연금 개시 이후 20년 동안 총 7,779만 원의 연금을 수령합니다. 원금 756만 원과 비교하면 무려 1,029%의 환급률입니다. 오래 살수록 누적 수령액이 증가해 환급률은 더욱 높아집니다. 중간값 납부금액인 월 26만 1,000원을 20년간 납입하더라도 훗날 20년 동안 국민연금을 수령하면 환급률은 223%입니다. 사기업이 운용하는 개인연금의 환급률에 비하면 월등히 높은 수준입니다.

게다가 물가상승에 따른 화폐가치 하락분을 연금개시 전후로 보전해주므로 개인연금과는 비교가 불가한 최고의 가성비 연금이라 할 수 있습니다.

참고로 30세에 사기업의 개인연금에 가입해 20년간 국민연금 중간값과 같은 월 26만 1,000원을 납입하고 65세부터 연금을 수령하는 종신형을 선택했을 때 환급률은 얼마일까요? 160%입니다. 국민연금보다 63%나 낮습니다.

국민연금의 또 다른 장점은 물가상승에 따른 화폐가치 하락분을 보존해주는 것입니다. 여기에는 연금 지급 전에 납부한 소득에 대해 연도별 재평가율을 적용해 연금수령 시점의 가치로 연금액을 환산하는 방식과 연금 지급 후에 물가변동률을 적용해 매년 연금액을 보정하는 방식이 있습니다. 두 방식 모두 물가 변동률에 따른 실질적인 연금가치를 보존해주므로 가입자에게 유리합니다.

## 사기업 연금과 비교할 수 없는 높은 수익률

보건복지부에서 2022년 8월에 고시한 '2022년도 국민연금 재평가율 및 연금액 조정고시'를 보면 최근 년도인 2021년의 재평가율이 1이고 과거로 갈수록 연간 단위 재평가율이 상승하는 것을 확인할 수있습니다. 국민연금이 처음 도입된 1988년의 재평가율은 7.161입니다.

연도별 재평가율을 적용하는 방식부터 살펴보겠습니다. 예를 들어 2000년에 100만 원의 소득으로 보험료를 납입했고 2021년에 국민연금을 개시했습니다. 이 경우 연금액이 연금 수령 시점인 2021년의 실질 가치를 반영할 수 있도록 소득액을 재평가합니다. 이를 위해 2000년의 재평가율 2.109를 적용하면 2021년 기준 소득은 100만 원이 아닌 210만 9,000원이 됩니다. 이 금액을 바탕으로 연금 지급액이 조정됩니다.

연금 수령 전에는 매년 변경된 재평가율이 적용되고 연금개시 시점에 최종 적용이 이뤄지고 나면 최초 연금액이 결정됩니다. 이때부터는 최초 연금액을 기준으로 매년 물가변동률을 적용해 연금액이 조정됩니다. 65세에 현재 가치로 매월 100만 원의 연금을 수령한다면 연금이 종료될 때까지 연금액은 현재 100만 원의 가치가 계속 유지됩니다. 즉 66세에 적용되는 물가변동률이 2%라고 가정하면 명목금액 102만 원을, 67세에 적용되는 물가변동률이 3%라고 가정하면 명목금액 105만 원을 연금으로 수령할 수 있다는 뜻입니다.

반면 일반 금융회사의 개인연금은 65세까지 적립된 금액을 N분의 1로 나눠 지급합니다. 65세에 명목 연금액으로 100만 원의 연금액을 수령한다면 연금 수령기한 내내 변함없이 100만 원을 받습니다. 시간이 흘러 물가가 상승하는 만큼 연금액의 가치가 줄어드는 것입니다.

가령 66세에 적용되는 물가변동률이 2%라고 가정하면 명목금액 100만 원을 받아도 그 가치는 98만 원으로 줄어들고, 67세에 적용되는 물가변동률이 3%라고 가정하면 100만 원의 가치는 95만 원으로 줄어든 것과 같습니다. 따라서 물가상승률을 반영하지 않는 개인연금은 매년 줄어드는 가치를 보전할 대안을 찾아야 합니다.

### 국민연금과 개인연금의 수령액 차이

| 구분 | 2011 | 2012 | 2013 | 2014 | 2015 | 2016 | 2017 | 2018 | 2019 | 2020 | 2021 | 2022 |
|---|---|---|---|---|---|---|---|---|---|---|---|---|
| 국민연금 | 100만 | 104만 | 106만 2,880 | 107만 6,697 | 109만 695 | 109만 8,329 | 110만 9,313 | 113만 390 | 114만 7,345 | 115만 1,935 | 115만 7,695 | 118만 6,637 |
| 개인연금 | 100만 원 | | | | | | | | | | | |

단위: 원

위의 표를 보면 물가변동률에 따른 실질 가치 보전이 얼마나 중요한지 확실하게 이해할 수 있습니다. 명목 연금액 100만 원 기준, 국민연금관리공단에서 고시한 2011년~2021년 국민연금 수령액과 최초 명목 연금액을 유지하는 개인연금 수령액의 화폐 가치를 비교했습니다.

국민연금은 매년 물가변동률에 따라 최초 연금액 100만 원에 대한 연금액이 증가합니다. 하지만 개인연금은 물가변동률과 상관없이 최초 연금액 100만 원이 계속 유지됩니다.

오른쪽 표의 화폐 가치를 보면 국민연금은 물가가 변동해도 최초 연금액인 100만 원의 가치를 계속 유지하지만 개인연금은 물가 변동에 따른 화폐 가치 하락으로 연금액의 가치가 꾸준

**화폐 가치 변화에 따른 연금 수령액의 가치**

| 구분 | 2011 | 2012 | 2013 | 2014 | 2015 | 2016 | 2017 | 2018 | 2019 | 2020 | 2021 | 2022 |
|---|---|---|---|---|---|---|---|---|---|---|---|---|
| 국민연금 | 100만 원 | | | | | | | | | | | |
| 개인연금 | 100만 | 96만 | 93만 8,880 | 92만 6,675 | 91만 4,628 | 90만 8,225 | 89만 9,143 | 88만 2,059 | 86만 8,829 | 86만 5,353 | 86만 1,026 | 83만 9,501 |

단위: 원

히 하락하는 것을 확인할 수 있습니다.

연금은 오랜 시간에 걸쳐 수령하기 때문에 시간이 지날수록 물가 상승에 따른 화폐가치 하락에 취약합니다. 개인연금이나 퇴직연금은 이런 리스크를 방어할 만한 대책을 세워야 합니다.

연금을 수령하면서 남아 있는 적립금액에 대해 최소한 물가 변동률 이상의 추가 수익을 확보할 수 있도록 포트폴리오를 변경하는 등 지속적이고 적극적인 관리가 필요합니다. 하지만 국민연금은 연금 수령자가 아무런 조치를 취하지 않아도 국민연금관리공단에서 알아서 대책을 수립해 적용합니다.

## 매달 연금 수령액, 늘릴 수 있습니다

앞으로 국민연금 수령액을 최대한 늘려야 은퇴 준비가 수월해집니다. 연금 수령액이 증가하려면 매월 납입하는 보험료나 가입기간을 늘려야 합니다. 하지만 국민연금 보험료는 월급의 9%(회사 4.5%, 개인 4.5%)로 정해져 있으며, 2022년 7월 기준 소득월액 상한선은 553만 원입니다. 이는 월급을 아무리 많이 받아도 최대 553만 원의 9%에 해당하는 금액(49만 7,700원)만 국민연금 보험료로 납입할 수 있다는 뜻입니다.

대신 가입기간을 연장하는 것은 개인의 노력에 따라 충분히 가능합니다. 참고로 연금을 수령하려면 국민연금 가입기간이 최소 10년이 넘어야 하며, 20년을 초과하면 가입기간이 1년씩 늘어날 때마다 연금 수령액이 5%씩 증가합니다.

## 가입액보다 가입기간을 늘리는 데 집중할 것

이미 은퇴생활을 하고 있는 사람들과 상담해 보면 그들에게 국민연금이 얼마나 큰 도움이 되는지 듣곤 합니다. 퇴직연금은 중간정산으로 상당 부분을 사용해서 잔액이 얼마 되지 않아 퇴직 시 일시금으로 수령해 모두 써버리고, 개인연금은 여유가 없어 가입하지 못한 사람들이 많습니다.

그러다 보니 매달 통장에 따박따박 들어오는 국민연금이 마치 효자 같다고 합니다. 회사에 다닐 때만 해도 매년 국민연금관리공단에서 날아오는 안내장에 적힌 예상 연금액이 너무 적어 무시했는데, 지금은 국민연금을 더 늘려 받지 못하는 것이 아쉽다고도 합니다.

하지만 찾아보면 방법이 있습니다. 저 역시 얼마 전 첫 직장에서 퇴사하면서 받았던 반환일시금을 다시 반환하면서 연금액을 월 기준 30만 원 늘렸습니다. 이 방법은 책 77쪽 반납제도에 관해 설명할 때 좀 더 자세히 이야기하겠습니다. 그러면 국민연

### 가입기간별 국민연금 수령액

| 가입기간 월평균 소득액 | 월 납입액 | 가입기간 | | | |
|---|---|---|---|---|---|
| | | 10년 | 20년 | 25년 | 30년 |
| 300만 원 | 27만 원 | 29만 1,540원 | 57만 5,620원 | 71만 7,670원 | 85만 9,710원 |
| 400만 원 | 36만 원 | 34만 2,850원 | 67만 6,940원 | 84만 3,980원 | 101만 1,020원 |
| 500만 원 | 45만 원 | 39만 4,160원 | 77만 8,250원 | 97만 290원 | 116만 2,340원 |

참고: 국민연금관리공단

금 가입기간 연장이 중요한 이유를 살펴보겠습니다.

위 표는 가입기간 중 가입자의 평균 소득월액에 따른 가입기간별 연금 수령액을 예시한 것입니다. 월평균 소득액이 300만 원에 가입기간이 20년이면 매월 57만 5,620원을, 25년이면 71만 7,670원을, 30년일 때는 85만 9,710원을 종신연금으로 수령합니다. 가입기간이 연장되면 그 기간만큼 납입하는 총 보험료가 증가하니 연금액이 늘어나는 게 당연하다고 생각할 수 있습니다. 하지만 늘어난 기간 동안 추가로 낸 보험료 대비 총 연금 수령액을 비교해보면 가입금액보다 기간을 연장하는 것이 훨씬 유리하다는 사실을 확인할 수 있습니다.

### 국민연금 가입기간 늘리기 효과

| 가입기간 월평균 소득액 | 월 보험료 | 20년 → 25년으로 늘렸을 때 | | 20년 → 30년으로 늘렸을 때 | |
|---|---|---|---|---|---|
| | | 추가 보험료 | 추가 수령액 | 추가 보험료 | 추가 수령액 |
| **300만 원** | 27만 원 | 1,620만 원 | 3,409만 원 | 3,240만 원 | 6,818만 원 |
| **400만 원** | 36만 원 | 2,160만 원 | 4,009만 원 | 4,320만 원 | 8,018만 원 |
| **500만 원** | 45만 원 | 2,700만 원 | 4,609만 원 | 5,400만 원 | 9,218만 원 |

* 20년 연금 수령 기준

가입기간 월평균 소득액이 300만 원일 때 가입기간 연장에 따라 추가로 받을 수 있는 연금액이 얼마나 증가하는지 살펴보겠습니다. 위의 표에서 평균 소득월액이 동일하다는 가정 하에 가입기간을 20년에서 25년으로 연장하면 5년간 추가로 납입해야 하는 보험료는 1,620만 원이며, 20년에서 30년으로 연장했을 때 10년간 추가로 납입해야 하는 보험료는 3,240만 원입니다.

그런데 20년 동안 연금을 수령한다고 가정했을 때 가입기간을 20년에서 25년으로 늘리면 기존 연금액보다 3,409만 원을, 20년에서 30년으로 늘리면 6,818만 원을 추가로 수령할 수 있습니다. 추가로 납입한 보험료보다 210%나 많습니다.

오래 살수록 수령 연금액은 점점 증가합니다. 같은 조건으로 매월 27만 원을 5년간 연이율 3% 적금에 가입했을 때 추가로 받을 수 있는 이자는 105만 원에 불과합니다. 국민연금에 추가로 납입한 보험료를 제하고 추가로 수령할 수 있는 1,789만 원과는 비교도 안 될 만큼 적은 금액입니다. 10년간 연이율 3%의 적금에 가입하고 받는 이자는 415만 원으로 이 역시 같은 기간 국민연금 추가 수령액인 3,578만 원과 비교할 수 없습니다.

## 가입기간 늘리는 3가지 제도 활용법

이처럼 국민연금 가입기간을 연장하는 것은 미래의 연금 수령액에 큰 영향을 미칩니다. 따라서 은퇴 생활비를 늘리고 싶다면 국민연금 가입기간을 조금이라도 더 연장할 방법을 찾아야 합니다.

현재 5060세대라면 국민연금 가입기간을 1년만 연장해도 무조건 이익이라는 사실은 반드시 기억하기 바랍니다. 지금부터는 국민연금액을 늘릴 수 있는 제도에 관해 살펴보겠습니다.

### 1 | '반환일시금 반납' 신청하니 매달 국민연금 30만 원 증가

지금은 국민연금 가입기간 10년을 채우지 못하면 연금 수령 시점에 반환일시금을 지급합니다. 하지만 1999년까지는 소득 활동 중단이나 퇴직 등의 사유로 국민연금 자격을 상실하면 퇴사 1년 후에 반환일시금을 지급했습니다. '반환일시금 반납'은 1999년 이전에 반환일시금을 수령한 뒤 가입자 자격을 재취득한 경우, 종전에 수령한 반환일시금에 소정의 이자를 더해 다시 납입하면 가입기간을 복원해주는 제도입니다.

저도 1997년에 첫 직장을 그만두면서 국민연금 자격이 상실돼 1년 뒤 반환일시금으로 약 472만 원을 받았습니다. 이 사실을 까맣게 잊고 지내다가 최근 반환일시금을 24개월 분할해 납부하는 조건으로 반납 신청을 했고 현재 1개월 치를 납부했습니다.

반환일시금을 반납하고 싶다면 먼저 국민연금관리공단 홈페이지의 전자민원서비스에서 반환일시금 지급액을 확인한 후 콜센터에 전화해 반납했을 때의 이점을 확인합니다. 저는 워낙 오래전에 퇴직해서 반환일시금 지급액인 472만 원에 이자와 화폐 가치상승분을 합해 약 1,049만 원을 반납해야 했습니다. 하지만 이 금액을 채워놓으면 미래에 매달 수령하게 될 연금액이 81만 5,000원에서 111만 3,000원으로 늘어난다는 설명을 들었습니다. 이는 반납금 1,049만 원을 기준으로 했을 때 연금 개시일로부터 약 3년이 지나면 사망할 때까지 매월 29만 8,000원의 추가 이익이 생긴다는 뜻입니다. 저로서는 반납 신청을 하지 않을 이유가 없었습니다.

반납 신청은 국민연금관리공단 홈페이지에 로그인한 뒤 전자민원 〉 개인서비스 〉 신고/신청 〉 반납금 납부 신청 순서로 선택합니다. 반환일시금 지급내역을 확인한 후 내역이 있다면 반납금 신청 입력을 하면 됩니다. 그러면 해당 지역 국민연금 공단에서 연락이 오며 정확한 금액을 안내받고 신청하면 됩니다.

저처럼 자격 상실로 반환일시금을 지급받았다면 나중에 국민연금에 가입했을 때 신청할 수 있습니다. 60세 이상인 납부 예외자도 가능하며 국민연금에 가입 중이고 아직 수령 전이라면 신청이 가능합니다. 반납금을 한 번에 납입하는 게 부담된다면 종전 가입기간에 따라 최대 24개월까지 분할해서 납입할 수 있습니다. 이때는 소정의 이자가 가산됩니다.

반환일시금을 반납하면 반납기간의 소득대체율을 인정해줍니다. 때문에 오래전에 지급받은 국민연금 반환일시금은 무조건 반납하는 게 유리합니다. 1998년까지는 소득대체율이 70%

**국민연금 홈페이지에서 반납금 납부 신청하기**

였으며, 1999년~2007년까지는 60%, 2008년부터는 50%에서 매년 0.5%씩 삭감해 2022년 현재 43%입니다. 저는 소득대체율 70% 기간에 해당하므로 그동안 이자가 많이 붙었지만 반납으로 인한 추가 연금수령 효과가 압도적으로 컸습니다.

### 2 | 국민연금 납입기간 빠짐없이 채우기, 추후납부

군복무나 해외 유학, 실직 등으로 납부 예외기간이 존재하거나 무소득 배우자 등의 사유로 적용 제외기간이 존재하는 가입

**국민연금 가입기간 늘리기**

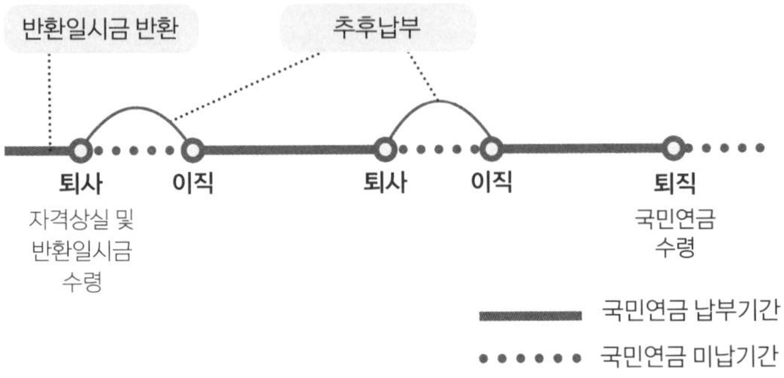


자가 이후에 국민연금 납입자격을 다시 취득하면 해당 기간 동안의 국민연금 보험료를 납부해 연금액을 늘릴 수 있는 제도입니다.

결혼 전 직장에 다니며 국민연금을 납부해오다 결혼이나 출산 등의 이유로 중단했다면 반드시 추후납부 제도로 가입기간 10년을 채우고 최저금액이라도 꾸준히 납부하십시오. 노후에 국민연금을 받을 수 있는 선택지를 만들어두는 셈입니다.

얼마 전까지는 대상기간에 제한이 없었으나 고소득자와 자산가 사이에 국민연금 재테크로 입소문이 나면서 현재는 추후납부 가능 기간을 10년 미만(119개월)으로 제한했습니다.

추후납부 가능 여부 및 기간을 확인하려면 앞서 설명한 반환일시금 반납과 같은 경로를 따라가면 됩니다. 기본적으로 납부예외기간이나 적용 제외기간이 있어야 신청 및 납부가 가능합니다. 추후납부는 연금을 수령하기 직전까지 국민연금 자격을 유지하고 있으면 언제든지 신청이 가능합니다.

한 번도 국민연금에 가입하지 않은 미취업자나 전업주부라면 먼저 임의가입을 신청하거나 재취업을 통해 국민연금 자격을 취득한 뒤에 추후납부가 가능합니다. 추후납부 금액은 일시금이나 최장 60개월까지 분할 납부할 수 있으며 이때는 소정의 이자가 가산됩니다.

### 재무팁 | 가입기간은 늘리고 추후납부 금액은 낮추는 법

추후납부 보험료는 신청한 날이 속하는 달의 연금 보험료에 추후납부 기간 월수를 곱해서 산출합니다. 추후납부 신청 당시의 연금 보험료가 추후납부 금액의 기준이 된다는 점에 유의해야 합니다.

예를 들어 현재 직장에서 27만 원(회사 4.5% 개인 4.5%)을 국민연금 보험료로 납입하고 있는데 직장에 다닐 때 추후납부를 신청하면, 회사가 납입해주는 4.5%인 13만 5,000원까지 포함한 27만 원에 추후납부 기간을 곱한 금액을 보험료로 납입해야 합니다.

이럴 경우 국민연금 수령 전까지만 추후납부를 신청하면 되므로 퇴직 후 최소 금액으로 국민연금 임의가입을 신청한 다음 추후납부를 신청하는 것이 좋습니다. 납입 금액은 최대한 줄이면서 가입기간은 늘리는 가장 좋은 방법입니다.

### 3 | 임의계속가입으로 가입기간 늘리기

국민연금 가입자였던 사람이 60세가 넘어 국민연금 가입기간 10년을 채우지 못해 연금을 받지 못하는 경우, 임의계속 가입으로 국민연금 수령 조건을 채워야 합니다. 또는 국민연금 수령 조건을 채웠지만 가입기간을 연장해 더 많은 연금을 받으려고 할 때도 임의계속가입으로 연금액을 늘릴 수 있습니다.

만 65세 직전까지 가입할 수 있는데 이미 연금을 수령하고 있으면 가입이 불가합니다. 65세 이상이거나 60세에 반환일시금을 이미 수령했어도 가입이 안 됩니다. 가입기간 부족으로 연금을 수령할 수 없을 때 기간을 채우려고 가입하는 경우가 대부분입니다. 임의계속가입 보험료 전액은 개인 부담입니다.

## 이른 퇴직, 국민연금 빨리 받을까 늦게 받을까?

국민연금은 빨리(조기연금), 제때(노령연금), 늦게(연기연금) 받는 것 중 어떤 선택이 유리할까요? 빨리 받으면 수령액이 적고 늦게 받으면 수령액이 많다고 하지만, 결국 연금을 최대한 많이 받으려면 그만큼 오래 살아야 합니다. 그러나 자신이 얼마나 살 수 있는지는 아무도 모릅니다.

연금을 앞당겨 받는 것을 조기연금이라고 합니다. 국민연금은 정상적으로 연금이 나오는 시점보다 최대 5년을 앞당겨 수령할 수 있습니다. 노령연금액을 기준으로 1년당 6%씩 감액되므로 최대 5년을 앞당겨 받으면 30% 줄어든 연금을 받아야 합

**연금 수령시기에 따른 연금액 비교**

| 조기연금(60세 수령) | 65세 수령 | 연기연금(70세 수령) |
|---|---|---|
| 70만 원 | 100만 원 | 최대 136만 원 |

니다. 반대로 늦게 받는 것을 연기연금이라고 하는데 정상적으로 연금이 나오는 시점보다 최대 5년까지 늦춰 받을 수 있습니다. 노령연금액을 기준으로 1년당 7.2%씩 증액되므로 최대 5년을 늦춰 받으면 36% 증가한 연금을 받을 수 있습니다.

## 조기연금은 무조건 손해입니다

가령 65세에 수령할 수 있는 노령연금이 100만 원이라면 최대한도로 앞당겼을 때 조기연금으로는 매월 70만 원을, 최대한도로 늦췄을 때 연기연금으로는 매월 136만 원을 연금 개시 시점에 수령할 수 있습니다.

또 연금 중 일부만 연기할 수도 있습니다. 일부 금액은 현재 받고 50~100% 범위에서 10% 단위로 연기 비율을 선택할 수

**연금 개시 연령에 따른 전체 수령액 비교**

| 나이 | 조기연금 | 노령연금 | 연기연금 |
|---|---|---|---|
| 60세 | 700만 원 | 0원 | 0원 |
| 65세 | 4,200만 원 | 1,000만 원 | 0원 |
| 70세 | 7,700만 원 | 6,000만 원 | 1,360만 원 |
| 76세 | 1억 1,900만 원 | 1억 2,000만 원 | 9,520만 원 |
| 83세 | 1억 6,800만 원 | 1억 9,000만 원 | 1억 9,040만 원 |
| 90세 | 2억 1,700만 원 | 2억 6,000만 원 | 2억 8,560만 원 |
| 100세 | 2억 8,700만 원 | 3억 6,000만 원 | 4억 2,160만 원 |

* 만 65세에 노령연금 연간 1,000만 원 수령 가정, 물가상승률 미반영

있습니다. 예를 들어 40%는 지금 연금으로 받고 나머지 60%는 연기를 해 연기 신청기간 이후부터 지급되는 방식입니다.

강의 중 조기연금, 노령연금, 연기연금 중 어떤 것을 선택하는 게 유리하냐는 질문을 받곤 합니다. 그럴 때면 저는 평균수명까지 산다고 가정할 때 조기연금을 선택하면 무조건 손해를 보는 것이 확실하며, 노령연금과 연기연금은 큰 차이가 없다고 답합니다. 조기연금은 피치 못할 사정이 아니고서는 신청하지 않는 것이 좋습니다.

앞 장의 표는 각각의 연금 개시 연령이 다른 조기연금, 노령연금, 연기연금의 연금 수령액을 비교한 것입니다. 76세를 기점으로 노령연금이 조기연금의 누적 수령액을 초과하며, 83세를 기점으로는 연기연금이 노령연금의 누적 수령액을 초과합니다.

즉 한국인의 남성 기대수명인 80.5세 시점에는 노령연금이 가장 유리하고, 여성 기대수명인 86.5세에는 연기연금이 가장 유리합니다. 이처럼 평균수명을 고려해 선택하면 조기연금은 무조건 손해고 노령연금과 연기연금은 대체로 큰 차이가 없습니다. 따라서 조기연금은 정말 어려울 때만 신청해야 합니다.

## 노후에 소득이 넉넉하다면 반드시 연기연금을

노령연금과 연기연금 중 선택할 때는 예측할 수 없는 수명은 무시하고 노령연금 지급시기인 65세~70세(1969년 이후 출생자 기준) 사이의 소득 여부에 따라 결정해야 합니다. 만약 이 시기에 근로소득이나 사업소득이 넉넉한 경우 최대 5년간 노령연금 지급액의 50%까지 깎인 연금을 수령해야 합니다.

따라서 다음 조건에 해당한다면 무조건 연기해 1년당 7.2% 증액된 연기연금을 받는 것이 유리합니다.(물가변동률에 따

### 노령연금 감액 기준

| A값 초과소득월액 | 노령연금 지급 감액분 | 월 감액금액 | 근로소득만 있는 경우 근로소득공제 전 기준 금액 (12개월 종사 기준) | |
|---|---|---|---|---|
| | | | 총급여 | 월급여 |
| 100만 원 미만 | 초과소득월액의 5% | 5만 원 미만 | 4,640만 3,254원 초과 | 386만 6,938원 초과 |
| 100만 원 이상 200만 원 미만 | 5만 원+ (100만 원을 초과한 소득월액의 10%) | 5~15만 원 미만 | 5,903만 4,834원 이상 | 491만 9,569원 이상 |
| 200만 원 이상 300만 원 미만 | 15만 원+ (200만 원을 초과한 소득월액의 15%) | 15~30만 원 미만 | 7,166만 6,413원 이상 | 597만 2,201원 이상 |
| 300만 원 이상 400만 원 미만 | 30만 원+ (300만 원을 초과한 소득월액의 20%) | 30~50만 원 미만 | 8,429만 7,992원 이상 | 702만 4,832원 이상 |
| 400만 원 이상 | 50만 원+ (400만 원을 초과한 소득월액의 25%) | 50만 원 이상 | 9,692만 9,571원 이상 | 807만 7,464원 이상 |

참고: 국민연금관리공단, 2023년 기준

른 화폐가치 변화는 반영하지 않음.) 위의 표는 국민연금관리공단의 노령연금 감액 기준입니다. 'A값'은 최근 3년간 국민연금 전체 가입자의 수입 평균액입니다(2023년 기준 수입평균액은 2,861,091원입니다). 근로소득만 있는 경우 근로소득공제 전 월급여가 386만 6,938원을 초과하고 A값 초과소득월액이 100만 원 미만일 때 초과소득월액의 5%, 최대 5만 원까지 감액

해 노령연금을 지급합니다. 초과소득월액이 클수록 월 감액도 커져 최대 노령연금액의 50%까지 감소할 수 있습니다.

즉 65세~70세 사이에 근로소득이나 사업소득이 앞의 표 기준을 초과할 것으로 예상된다면 그 기간만큼 연금 수령을 연기하는 게 유리합니다.

물론 지금 당장 연금 수령시기를 결정할 필요는 없습니다. 노령연금 개시 시점에 자신의 상황과 건강 상태를 고려해 현명하게 선택하길 바랍니다.

## 연금에 붙는 세금,
## 정확히 알아야 현혹되지 않는다

국민연금을 받으면 소득세를 내야 한다는 사실을 알고 있나요? 국민연금관리공단은 노령연금을 지급할 때 연금소득 간이세액표를 기준으로 세금을 원천징수한 후 연금을 지급합니다. 때문에 국민연금을 받는 사람도 자신이 소득세를 내고 있다는 사실을 잘 알지 못하는 편입니다. 아직 연금을 받지 않는 사람은 더욱 모를 수밖에 없습니다.

2001년 12월 31일까지는 국민연금 보험료(국민연금 가입자가 노후에 연금을 타기 위해 매달 내는 돈)에 대해 소득공제를 해주지 않는 대신 연금을 수령할 때 소득세를 과세하지 않았습니다. 하지만 2002년 1월 1일부터 국민연금 보험료에 대해 소득공제를 해주는 대신 연금을 지급할 때 소득세를 과세합니다.

예를 들어 1991년 1월 1일 입사자라면 2001년 12월 31일까지 납입한 국민연금 보험료를 재원으로 지급받는 연금에는 소득세를 과세하지 않고 2002년 1월 1일 이후 납입한 보험료를 재원으로 하는 연금에는 소득세를 과세하는 것입니다.

대체로 은퇴 전 소득이 은퇴 후 소득보다 많고, 소득세는 소득이 많을수록 세금을 많이 내는 누진세율을 적용하므로 은퇴 전에 소득공제를 받고 은퇴 후에 소득세를 내는 것이 유리합니다.

국민연금 소득만 있다면 연말정산을 통해 확정세액이 결정됩니다. 원천징수한 세금보다 확정세액이 많으면 1월에 연금에서 그만큼 차감한 뒤 지급합니다. 반대로 확정세액이 원천징수한 세금보다 적으면 1월 연금에 그만큼 더해서 지급합니다. 소득이 국민연금뿐이라면 5월에 종합소득세 확정신고를 할 필요가 없습니다.

하지만 근로소득이나 사업소득, 부동산 임대소득 등이 있고 연금소득이 연 350만 원을 초과하면 다른 소득과 합산해 종합소득세 확정 신고를 해야 합니다. 이때 연금소득에 대한 공제액은 최대 900만 원입니다.

**연금 소득에 대한 공제액**

| 총 연금액(연간) | 공제액 |
|---|---|
| 350만 원 이하 | 총 연금액 |
| 350만 원 초과~700만 원 이하 | 350만 원+350만 원을 초과하는 금액의 100분의 40 |
| 700만 원 초과~1,400만 원 이하 | 490만 원+700만 원을 초과하는 금액의 100분의 20 |
| 1,400만 원 초과 | 630만 원+1,400만 원을 초과하는 금액의 100분의 10 |

위의 표는 연금 수령 시 연금소득공제액을 계산하는 기준입니다. 예를 들어 국민연금으로 연간 1,200만 원을 수령한다면 490만 원에 700만 원 초과분인 500만 원의 20%를 더한 590만 원까지 연금소득공제를 받을 수 있습니다(표의 굵은선 참조). 이외에도 본인과 부양자에 대한 인적공제와 산출된 세금(산출세액)에 대해 표준세액공제까지 받을 수 있습니다.

연금은 소득공제를 받아 과세 대상인 연금과, 소득공제를 받지 않아 과세 대상이 아닌 연금을 섞어서 지급합니다. 때문에 현재 연금을 지급받고 있거나 곧 지급받을 예정이라면 연간

1,200만 원을 연금으로 수령해도 과세 대상 소득은 1,200만 원보다 훨씬 적습니다. 하지만 국민연금 보험료 전체 납입금액에서 2002년 1월 이후의 국민연금 보험료 납입금액의 비율이 높아질수록 과세 대상 연금 수령액이 증가해 1,200만 원에 가까워진다는 사실을 알기 바랍니다.

홀로 사는 국민연금 수령자가 연금소득 외에 다른 소득 없이 종합과세 대상 연금액이 연 770만 원이라고 가정해보겠습니다. 이때 과세표준은 연금소득공제액인 504만 원과 본인공제액 150만 원을 제한 116만 원입니다. 과세표준 116만 원에 종합소득 과세표준 1,400만 원 이하에 적용되는 소득세율 6%를 곱해 세금을 산출하면 6만 9,600원입니다. 표준세액공제로 7만 원을 적용하므로 이때는 납부할 세금이 없습니다.

국민연금관리공단에서는 과세 대상 금액 770만 원 초과자에게만 연말정산 안내문을 보내 연내에 소득 · 세액공제 신고서 입력을 마감합니다. 확정세액이 결정되면 다음해 1월 연금에 반영해 연금을 더 주거나 덜 지급합니다. 연금저축이나 개인적으로 가입한 IRP 계좌에서 수령하는 사적 연금소득이 연간 1,200만 원을 초과하면 전액 종합소득으로 과세되는데 이에 대해서는 '4장 개인연금' 편에서 자세히 이야기하겠습니다.

## 사이좋은 부부는 연금이 줄지 않는다

앞에서도 언급했지만 저는 농담반 진담반으로 은퇴 준비의 시작은 아내에게 잘하는 것이라고 이야기합니다. 하지만 강의를 듣는 대부분의 수강생들은 이 말을 웃어넘깁니다.

2021년 여름, 50대 중반의 직장인 이동희 씨가 은퇴 재무설계 상담을 받고 싶다며 찾아왔습니다. 그는 2년 전 이혼했으며 두 딸은 아내와 함께 살고 있습니다. 아이들은 성인이므로 양육비는 지급하지 않고 있습니다. 이혼할 때 재산분할을 하면서 집을 팔았고 지금은 직장 근처에 전세를 얻어 혼자 살고 있습니다. 퇴직이 얼마 남지 않은 그는 이혼으로 자산 규모가 크게 줄었고 국민연금까지 아내와 반으로 나눠야 합니다. 노후에 대한 고민이 많았던 이동희 씨는 은퇴 준비를 위한 조언을 받고 싶어 했습니다. 아직 이혼의 충격에서 벗어나지 못한 그는 퇴직이 가까워졌는데 어떻게 살아가야 할지 자신이 없다는 말만 반복했습니다.

이동희 씨처럼 자녀가 성장한 뒤 은퇴 직전이나 직후에 갈라서는 것을 황혼이혼이라고 합니다. 남편보다는 아내가 황혼이혼을 원하는 비율이 높습니다. 통계청의 인구 동태(일정 기간 내의 출생, 사망, 결혼, 이혼 등 인구 변동 상태) 조사 결과 2021년에 총 10만 1,673쌍이 이혼했으며, 그중 혼인기간 20년 이상은 3만 9,387쌍으로 38.7%를 차지한다고 합니다. 황혼이혼은 해를 거듭할수록 증가하고 있습니다.

## 이혼하면 재산도 연금도 가른다, 분할연금

앞서 우스갯소리로 아내에게 잘하는 것이 은퇴 준비의 첫걸음이라고 말한 것은 이동희 씨 같은 상황에 놓인 상담자를 종종 만나기 때문입니다. 이혼은 두 사람의 관계만 갈라지는 게 아니라 재산도 함께 가르는 것입니다. 나이가 젊다면 이혼에 따른 재산 손실을 만회할 기회가 충분합니다. 하지만 은퇴 전후의 늦은 이혼은 정신적으로나 경제적으로나 큰 타격을 입을 수밖에 없습니다. 황혼이혼의 가장 큰 손실은 은퇴 생활비로 사용해야 할 국민연금도 반으로 나눠야 한다는 것입니다. 이혼으로 인해 국민연금을 나누는 것을 분할연금이라고 하는데 이는 가뜩이나 부족한 은퇴 준비를 더욱 어렵게 만듭니다.

분할연금은 이혼한 배우자와의 혼인기간이 5년 이상일 때 청구해 수령할 수 있습니다. 혼인기간에서 민법상 실종선고, 주민등록법상 거주 불명, 이혼한 부부간에 합의 또는 재판으로 결정된 기간은 제외됩니다.

5년 이상 혼인관계를 유지했고 이혼한 배우자가 노령연금을 수령할 자격이 있으면 노령연금을 분할받습니다. 분할 금액은 두 사람의 혼인기간 동안 납입한 금액에 국한합니다.

분할 비율은 노령연금액의 50%가 원칙이지만 이혼한 부부의 협의나 법원의 재판에 의해 별도로 결정할 수 있습니다. 이혼한 부부가 각각 국민연금에 가입했다면 각자의 노령연금을 50%씩 분할할 수 있습니다. 이럴 때는 수령 연금액을 비교해 서로의 협의에 따라 각각의 연금에 대한 분할 비율을 결정하는 게 합리적입니다. 연금 수급권자인 이혼한 부부 모두 노령연금을 수급할 수 있는 연령이 돼야(1969년생 이후 출생 시 만 65세) 분할연금을 수령할 수 있습니다.

분할연금 수령기간은 청구권자의 재혼 여부와 관계없이 평생 지급을 원칙으로 합니다. 즉 이혼한 배우자가 사망하더라도 청구권자가 살아있는 한 계속 분할연금을 수령할 수 있습니다. 65세~70세 사이에 이혼한 경우 배우자의 소득이 많아 노령연금액이 줄어들더라도 분할연금은 감액되지 않습니다.

분할연금 청구는 수급권이 발생한 때로부터 5년 이내에 청구해야 하는데 기한이 지나면 제척기간이 만료돼 연금을 받을 수 없습니다. 분할연금 신청은 이혼 효력이 발생한 날로부터 3년 이내에 선청구할 수 있습니다(이혼 후 연금 수령 시기가 됐을 때 상대방에게 연락해야 하는 껄끄러운 상황이 발생하지 않도록 미리 청구해놓는 것). 때문에 신청기한을 놓치지 않도록 이혼 후 마음이 정리되면 바로 신청해두는 것이 좋습니다.

## 남은 가족을 위한 유족연금

이혼으로 얼굴 붉히며 나눠야 하는 게 분할연금이라면 배우자가 사망해 남긴 노령연금의 일부를 받는 것은 유족연금입니다. 국민연금 가입자가 사망하면 배우자, 자녀, 부모 순으로 유족연금을 수령할 수 있습니다. 배우자가 없다면 25세 미만이나 장애등급 2등급 이상의 자녀가, 자녀마저 없다면 60세 이상이나 장애등급 2등급 이상의 부모가 연금을 수령할 수 있습니다. 유족연금을 받는 사람이 사망하면 다음 순위로 계승되지 않고 수급권은 소멸됩니다.

사망자의 국민연금 가입기간에 따라 유족연금 지급액이 달라집니다. 가입기간이 10년 미만이라면 기본연금액의 40%에 부양가족연금액을 더해 유족연금을 수령할 수 있습니다. 가입기간이 10년 이상~20년 미만이라면 기본연금액의 50%를, 20년 이상이라면 기본연금액의 60%를 줍니다.

기본연금액은 만 65세에(1969년 이후 출생자) 수령하는 노령연금입니다. 유족연금액은 사망자가 지급받던 노령연금액을 초과할 수 없습니다. 사망자가 연기연금을 신청했거나 수령해서 연금액이 증액됐더라도 증액분은 유족연금액에 반영되지 않습니다. 만 65세에 수령하는 연금이 기본연금액의 기준이 됩니다.

이혼한 후 받는 분할연금은 연금을 수령하는 전 배우자가 재혼을 해도 계속 연금을 수령할 수 있지만 유족연금은 연금을 수령하는 배우자가 재혼하면 더 이상 받을 수 없습니다.

### 국민연금 가입자인 부부 중 한 명이 사망했다면?

유족연금에 대해 강의할 때 부부가 각자 국민연금에 가입했는데 한 사람이 사망하면 남은 배우자가 본인 연금을 받으면서 유족연금도 받을 수 있느냐는 질문을 많이 받습니다.

부부 모두 노령연금을 수령하고 있던 중에 한 사람이 사망하면 남은 배우자에게 유족연금을 받을 권리가 생깁니다. 하지만 본인의 노령연금과 배우자의 유족연금 두 가지 모두를 수령할 수는 없습니다. 본인의 노령연금과 배우자의 사망으로 권리가 생기는 유족연금 중 하나를 선택해야 합니다.

자신의 노령연금을 선택하면 노령연금액에 유족연금액의 30%를 추가로 지급받을 수 있고 유족연금을 선택하면 유족연금만 수령할 수 있습니다.

가령 본인의 노령연금액이 100만 원이고 배우자 사망으로 수령할 수 있는 유족연금액이 50만 원이라고 가정해보겠습니다. 이때 노령연금을 선택하면 100만 원에 배우자 유족연금액의 30%인 15만 원을 더해 115만 원을 연금으로 받게 됩니다.

반대로 유족연금을 선택하면 유족연금액 50만 원만 수령할 수 있습니다. 그러므로 이때는 무조건 본인의 노령연금을 선택해야 합니다.

거꾸로 본인의 노령연금액이 50만 원이고 배우자 사망으로 수령할 수 있는 유족연금액이 100만 원이라면 무조건 유족연금액을 수령하는 것이 유리합니다. 노령연금을 수령하면 원래의 50만 원에 배우자 유족연금액의 30%인 30만 원을 더해 총 80만 원밖에 되지 않습니다.

## 국민연금이 늘면 건보료 폭탄? 아닙니다

최근 국민연금을 많이 받을수록 건강보험료도 많이 내야 한다는데 어떻게 하면 좋겠냐는 질문을 자주 듣습니다.

언론이나 유튜브 등에서 건강보험료 부과체계 2단계 개편안 시행으로 건강보험료를 산출할 때 연금소득 인정분이 30%에서 50%로 상승했고, 직장가입자의 피부양자 자격 취득 기준이 강화됐다는 내용을 접했기 때문인 것 같습니다.

은퇴를 앞둔 입장에서는 신경 쓰이겠지만 결론적으로 걱정할 필요 없습니다. 개편안을 일괄 적용하는 것이 아니고, 그 내용을 자세히 살펴보면 대부분의 경우 국민연금을 더 많이 받는 게 유리하기 때문입니다.

물론 건강보험료 부과체계 2단계 개편안 시행으로 건강보험 직장가입자 피부양자 자격 기준의 합산소득이 3,400만 원에서 2,000만 원 이하로 강화됐습니다. 그리고 지역가입자의 건강보험료를 산출할 때는 국민연금과 같은 공적연금에 부과하는 소득 적용비율이 30%에서 50%로 상향됐습니다.

건강보험료 기준이 강화되자 언론에서 국민연금을 많이 받으면 피부양자에서 탈락한다거나 건강보험료를 많이 내야하므로 연금을 줄여 받으려는 사람들이 늘고 있다며 과장해 이야기합니다. 이로 인해 별다른 영향을 받지 않는 사람들이 걱정하고 국민연금을 많이 받는 것이 훨씬 유리한 대부분의 사람들도 겁을 먹고 연금을 늘리려는 노력을 포기합니다.

피부양자로 올라 건강보험료를 내지 않다가 탈락하면 건강보험료 부담이 커지는 것은 사실입니다. 예를 들어 공무원연금이나 사학연금 같은 직역(職域)연금 수령자에게는 월 평균 수령액이 283만 원을 초과하지 않으면 피부양자 자격이 주어졌습니다. 그런데 개편안으로 월 평균 수령액 기준이 167만 원으로 조정됐습니다. 여기에 해당하는 사람들은 건강보험 피부양자 자격을 상실해 경제적 부담이 증가했을 것입니다.

하지만 실제 국민연금 수령자 중에서는 개편안에 해당돼 피부양자 자격을 상실하는 사람이 많지 않습니다. 우리가 걱정해야 할 것은 건강보험료 부담이 아닙니다. 그보다는 쓸데없는 고민으로 국민연금을 늘리려던 계획을 취소하고 오히려 손해연금이라는 조기연금을 선택해 연금액을 줄이는 것입니다. 지금부터 걱정하지 않아도 되는 이유를 하나씩 살펴보겠습니다.

### 1 | 생각보다 국민연금을 많이 받지 않습니다.

만 65세 이상 노인 중 국민연금을 받는 비율은 45%밖에 안 됩니다. 절반도 되지 않는 연금 수령자들이 받는 금액은 생각보다 적습니다. 옆의 표는 2022년 5월 말 기준 노령연금을 받는 사람들의 월간 연금 수령액과 비율을 정리한 것입니다.

피부양자 자격을 유지하기 위한 조건인 월 평균 160만 원(연간 소득 2,000만 원 이하) 이하의 연금 수령을 충족하는 사람이 무려 98.4%입니다. 이는 노령연금 수령자 중 피부양자 자격을 상실한 사람이 전체의 1.6% 이내라는 뜻입니다.

다만 피부양자 자격기준은 합산소득으로 판단합니다. 연금소득 외에 근로소득, 사업소득, 금융소득, 기타소득이 있다면 연금소득이 월 167만 원을 넘지 않아도 이번 개편안으로 피부양자

**구간별 노령연금 수령액과 분포율**

| 노령연금 수령액 | 수령 인원 | 분포율 |
|---|---|---|
| 100만 원 미만 | 453만 433명 | 90% |
| 100만 원~160만 원 미만 | 42만 5,299명 | 8.4% |
| 160만 원 이상 | 7만 8,692명 | 1.6% |
| 합계 | 503만 4,344명 | 100% |

출처: 국민연금관리공단

에서 탈락합니다.

그렇다고 해서 다른 소득이 얼마나 추가될지 모르는데 연금소득을 개편안 기준에 맞추려고 일부러 줄일 필요는 없습니다. 피부양자 자격을 유지하기 위해 합산소득을 연 2,000만 원 이하로 맞추는 것보다 3,000만 원, 4,000만 원으로 늘리고 건강보험료를 납입하는 게 훨씬 행복한 삶입니다.

### 2 | 피부양자 자격 요건은 매년 달라집니다

국민연금은 매년 물가상승에 따른 화폐가치 하락분을 반영해 연금액을 보정합니다. 때문에 지금 당장은 피부양자 자격요건을 간신히 맞췄더라도 앞으로 자격기준이 상향되지 않는 한 곧바로 탈락하게 됩니다.

국민연금관리공단은 2021년 물가변동률을 2.5% 적용할 것을 고시했습니다. 2022년은 러시아 전쟁과 금리 인상 등으로 2021년보다 높은 5.1%가 적용되어 2022년 159만 원이던 연금수령액은 2023년에 167만 1,090원으로 올랐습니다. 이렇게 되면 월 소득이 167만 원 이상인 경우 피부양자 자격을 잃게 됩니다.

이처럼 시간이 흐를수록 물가변동률에 따른 연금 수령액이 상승해 피부양자 탈락 가능성도 높아집니다. 그러니 합산소득을 자격 기준에 맞추기 위해 연금소득을 줄이기보다 소득을 늘려 건강보험료 부담을 덜어야 여유로운 은퇴생활을 맞이할 수 있습니다.

**3 | 건강보험료 몇천 원 오르는 걸 걱정하기보다 연금소득을 늘리는 것이 우선입니다.**

건강보험료 부과체계 2단계 개편안 시행으로 지역가입자의 소득에 대한 보험료 산정방식이 점수제에서 정률제로 변경됐습니다. 지역가입자도 직장가입자처럼 월 소득의 7.09%(2023년 기준)를 건강보험료로 납입해야 합니다. 별도로 보유 재산이나 자동차에 대한 보험료도 산정하는데 이를 합산하면 전체 보험료가 됩니다.

또한 소득에 대한 보험료를 산정할 때 적용하는 연금소득 평가율이 30%에서 50%로 상승했습니다. 예를 들어 매월 연금을 10만 원 더 받으면 기존에는 30%인 3만 원의 7.09%를 적용한 2,127원을 건강보험료로 추가했지만, 이제는 평가율이 50%로 상향되면서 3,545원이 추가됩니다. 30%에서 50%로 기준을 상향했으나 매월 10만 원씩 늘어난 연금 수령액에 비해 추가된 보험료는 1,418원밖에 되지 않습니다. 장기요양보험료율 0.9082%를 더하면 조금 더 늘겠지만 큰 차이는 없습니다.

연금을 많이 받으면 건강보험료를 많이 내야 한다는 막연한 걱정 때문에 연금액을 늘리지 않는 것은 이자소득세 15.4%가

아까워서 은행에 예금하지 않고 금고에 돈을 넣어두는 것과 마찬가지입니다. 예금을 하면 이자소득세를 제하고도 이자를 받을 수 있지만 금고에 넣어두면 이자가 아예 없습니다.

**4 | 국민연금으로 매월 167만 원 수령할 정도면 다른 소득이나 재산이 많을 가능성이 높습니다.**

이들은 연금수령자의 상위 1.6%에 해당합니다. 아마도 직장에 다닐 때 많은 연봉을 받았을 것이고 이를 기반으로 주택과 다른 자산도 마련해두었을 것입니다. 상대적으로 은퇴 준비도 잘 되어 있을 가능성이 큽니다. 국민연금 수령액 기준과 상관없이 피부양자 자격이 되지 않으므로 지역가입자로 전환해 건강보험료를 내야 합니다.

**5 | 연금제도가 바뀔 수 있습니다.**

건강보험료 제도가 개편되면서 가뜩이나 부족한 은퇴 생활비에서 건강보험료 부담이 늘었다는 은퇴생활자들의 불만이 높습니다. 이제껏 각종 세제혜택을 주면서 연금을 통해 노후 준비를 독려하던 정책과 건강보험료 부담을 높이는 정책은 방향이 맞지 않습니다. 이처럼 언제 다시 새로운 방향으로 제도가 개편

될지 알 수 없습니다. 원래대로 은퇴자들에게 유리한 방향으로 바뀔 수도 있고 반대로 건강보험 재정이 악화되면 불리하게 바뀔 수도 있습니다.

최근 건강보험료가 부담돼 손해연금이라 불리는 조기연금을 선택하는 사람들이 증가한다는 보도가 있었습니다. 만일 건강보험료 제도가 은퇴자들에게 유리한 방식으로 다시 개편된다면 이런 선택을 되돌리기 어렵습니다. 좀 더 먼 미래를 생각한다면 선불리 국민연금을 줄이기보다 오히려 건강보험료를 추가로 납입할 만큼 국민연금과 소득을 늘려 은퇴를 준비하는 것이 바람직합니다.

오 부장의 맞춤 은퇴 과외 2

## 정년을 채우지 못하고 퇴직한다면 국민연금 조기 수령을 선택해야 할까요?

저의 예상 노후 소득 중 가장 큰 비중을 차지하는 것이 국민연금입니다. 65세에 수령하면 매월 약 130만 원을 받을 수 있고, 55세부터 따로 가입한 변액연금을 개시하면 매월 약 40만 원을 수령하게 됩니다. 여기에 아내가 직장을 그만둔 뒤에도 임의가입으로 국민연금을 꾸준히 납입해 매월 약 60만 원을 수령할 수 있습니다. 총 230만 원의 소득 유지가 가능합니다. 하지만 65세 이후의 이야기입니다. 국민연금 수령을 앞당기면 이보다 적은 소득으로 생활해야 합니다.

만약 53세에 퇴직하게 된다면 7년 후인 60세부터 국민연금 조기 수령을 하는 것이 좋을지, 아니면 빠듯해도 남은 7년 동안 국민연금 의무가입기간을 채워 65세부터 수령하는 것이 좋을지 고민입니다.

### 1 | 국민연금은 제때 받는 게 무조건 유리합니다

국민연금은 일찍 수령할수록 손해입니다. 5년을 앞당겨 60세에 국민연금을 조기수령하면 76세를 기준으로 본래의 연금 수령 시점인 65세부터 받는 것보다 연금 수령 누적액이 적어지기 시작합니다.

시간이 지날수록 누적액의 차이는 더욱 커집니다. 현재 보유하고 있는 자산이 어느 정도 있고 퇴직 후 다른 일자리를 찾을 가능성이 있으므로 국민연금의 조기 수령보다 65세에 받는 것이 더 좋습니다. 삶이 크게 흔들릴 만큼 위태로운 상황이 아니라면 국민연금은 제때 수령하기 바랍니다.

### 2 | 어떻게든 납부기간을 늘려야 합니다

국민연금은 가입기간이 20년이 넘으면 이후 1년씩 증가할 때마다 연금액이 연간 0.5%씩 증가합니다. 퇴직 후 사업장 가입자로 재취업하거나 지역가입자로 전환해서 국민연금을 만 60세까지 계속 납부할 수 있습니다. 그 기간 중에 소득이 없더라도 임의가입을 신청해 월 9만 원(2022년 기준)의 최소 보험료를 내더라도 가입기간을 늘려놓아야 연금을 많이 받을 수 있습니다.

현재 오 부장님이 예상하는 국민연금 수령액은 만 60세까지 현 직장에 근무하면서 국민연금 보험료를 계속 납입했을 때의 추정금액입니다. 따라서 퇴직 후에 납입을 중단하면 현재 예상 국민연금 수령액보다 적은 연금액을 수령하게 되므로 은퇴 계획도 차질을 빚게 됩니다.

만 60세 이후부터 연금 수령 전까지는 '임의계속가입' 제도를 활용해 보험료를 계속 납부할 수 있습니다. 보통은 연금으로 수령할 수 있는 가입기간인 10년을 채우려 임의계속가입을 신청합니다. 하지만 여건이 된다면 더 많은 연금을 수령하기 위해 최소 보험료로 연금을 계속 납입하는 것을 추천합니다.

### 3 | 국민연금 수령 전까지는 일을 계속하세요

주된 일자리에서의 평균 퇴직연령은 49.3세입니다. 그러나 실질적으로 일을 완전히 그만두는 시점의 평균연령은 72.3세입니다. 비록 퇴사 후 현재 받는 월급만큼 벌 수 있는 일자리를 얻는 것이 어렵더라도 꾸준한 수입이 보장되는 새로운 일자리에 도전해야 합니다.

오랜 시간 언론사에서 일한 경험을 바탕으로 1인 인터넷 신문사를 창업하거나 글쓰기 강좌를 개설하는 등 수입을 창출할 기회를 탐색해보기 바랍니다. 일자리는 꼭 수입뿐만이 아니라 건강을 지키는 데도 큰 힘이 됩니다.

3장

# 퇴직연금, 절세와 수익률 싸움에서 승리하는 법

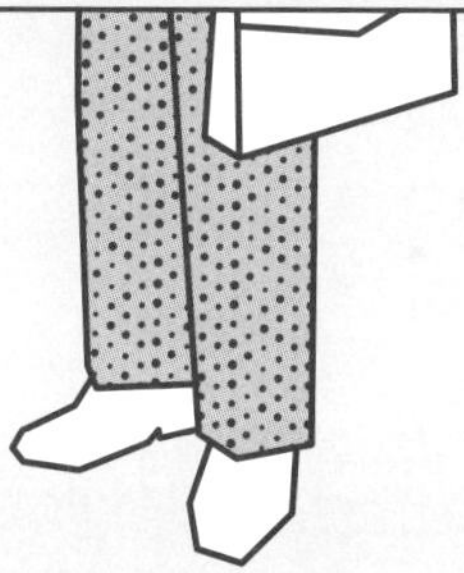

## 퇴직연금의 핵심은 절세와 수익률

기업이나 지방자치단체에 은퇴 재무설계 강의를 하러 가면 5년 이내 퇴직을 앞둔 50대 남성이 압도적으로 많습니다. 이들은 퇴직이 얼마 남지 않았다는 절박함과 달리 퇴직연금에 대해서는 모르는 것이 많았습니다. 조금의 관심만 있었다면 퇴직연금을 불리거나 손실을 입지 않았을 텐데 아쉬워하는 표정을 볼 때마다 저도 안타까운 마음입니다.

예전에는 퇴직하면 퇴직금이라는 목돈을 받았습니다. 하지만 이렇게 받은 목돈은 노후생활을 제대로 보장하지 못했습니다. 거기에 고령화로 인한 노후 빈곤이 늘어나자 정부는 국민의 안정적인 노후 보장을 위해 2005년 12월부터 퇴직연금제도를 도입했습니다. 기업으로 하여금 근로자의 퇴직금을 외부의 금융기관에 적립하게 해 퇴직금을 못 받는 일을 막고, 이 재원을 기업(DB형) 또는 근로자가 운용하며(DC형) 퇴직금을 55세 이후 연금으로 받도록 유도하고 있습니다.

퇴직연금의 핵심은 세금과 수익률이라 해도 과언이 아닙니다. 퇴직금에서 떼는 퇴직소득세는 근속연수와 연봉에 따라 천차만별이지만 대개 5~20%가량을 공제합니다. 퇴직금 단위가 수천만 원에서 억이 넘다 보니 떼가는 세금도 큽니다. 또 근속연수가 짧거나 퇴직금 중간정산을 받았다면 퇴직소득세도 늘어납니다. 퇴직 후 믿을 거라고는 퇴직금과 국민연금, 개인연금 정도인데 천만 원 이상의 금액을 세금으로 내고 나면 자다가도 울화가 치민다고 합니다.

하지만 미리 준비하면 수백만 원에서 수천만 원까지 세금을 아낄 수 있습니다. 사실 퇴직연금은 세세한 부분까지 정리하면 책 한 권은 충분히 만들 정도로 복잡합니다. 하지만 그 내용을 모두 알 필요는 없습니다. 지금부터 퇴직을 앞둔 사람들이 가장 필요한 부분을 중심으로 퇴직연금의 핵심을 살펴보겠습니다.

## 임금피크제 직전 DC형으로 전환해야 하는 이유

DB형 퇴직연금 가입자라면 중간에 DC형으로 변경하거나 퇴직 후 IRP나 연금저축 계좌로 퇴직급여를 받기 전까지는 신경 쓰지 않아도 별 문제 없습니다.

반면 DC형 가입자가 자신의 퇴직연금에 무심할 경우 퇴직 후 다른 사람보다 확연히 낮은 적립금을 보며 실망하게 될 것입니다. 같은 기간 같은 금액의 연봉을 받아도 퇴직연금에 관심을 갖고 잘 운용한 퇴직자와 그렇지 않은 퇴직자의 적립금은 억 단위까지 차이가 나기도 합니다. 뒤늦게 자신의 무관심을 후회해도 바뀌는 것은 없습니다.

퇴직연금 제도 시행 초기에는 많은 기업이 DB형과 DC형 중 한 가지 유형만 도입했습니다. 하지만 시간이 지날수록 근로자의 퇴직연금 중도 인출과 직접 운용에 대한 니즈가 커지면서 두 가지 유형을 모두 도입하는 기업이 증가했습니다. 뿐만 아니라 DC형에 가입한 근로자가 원하는 금융회사에서 자신의 퇴직연금을 자유롭게 운용할 수 있도록 퇴직연금 사업자로 복수의 금융회사를 선정하는 기업도 늘고 있습니다.

DB형과 DC형에 대한 선택권이 없었을 때는 회사에서 도입한 유형의 퇴직연금에 가입하기만 하면 됐습니다. 하지만 유형을 선택할 수 있고 금융회사 지정도 가능해지면서 직장인들의 고민이 커졌습니다.

대기업에서 근무하는 50대 초반의 직장인 허준호 씨는 처음 퇴직연금에 가입할 때 DB형을 선택했습니다. 자신의 자산 운용능력이 좋지 않았고 회사가 재무적으로 안정적이었기 때문입니다.

그런데 얼마 전 담당 임원과의 면담에서 내년부터 팀장 자리를 내려놓고 다른 팀에서 보직 없이 근무하라는 이야기를 들었습니다. 허준호 씨는 가능하면 정년까지 회사를 다닐 생각이지만 팀장 자리를 내려놓으면 연봉이 감소할 것이고 55세부터는 임금피크제(근로자가 일정 연령에 도달하면 임금을 삭감하는 대신 근로자의 고용을 보장하는 제도)에 들어가야 합니다. 주변 선배들이 이 무렵에 퇴직연금을 DC형으로 전환하는 것을 보면서 자신도 전환하는 것이 나을지 궁금해 했습니다.

먼저 DC형에서 DB형으로의 전환은 불가능합니다. 그러니 DB형에서 DC형으로의 전환은 신중히 선택해야 합니다. 기본적으로 DC형은 직접 퇴직연금을 운용해서 얻는 수익률이 회사의 임금상승률보다 높아야 합니다. 이직이 잦은 업종이거나 연봉이 적은 회사에 다닌다면 DC형이 유리합니다.

### DB형 가입자가 반드시 DC형으로 전환해야 할 때

눈썰미 있고 투자에 관심이 높은 사람들은 직급이 낮을 때는 DB형 퇴직연금에 가입합니다. 임금상승률이 높기 때문입니다. 그러다가 차장, 부장급에 다다르면 연봉이 정체기에 다다릅니다. 이 시점에 DC형으로 전환하는 경우가 많습니다.

DC형 퇴직연금을 운용하려면 금융상품이나 투자에 대한 꾸준한 관심과 공부가 반드시 필요합니다. 하지만 직장생활을 하다보면 현업에 치여 투자 공부가 쉽지 않은 것이 현실입니다.

그럼에도 DB형 가입자가 반드시 DC형으로 전환해야 할 때가 있습니다. 먼저 자신의 퇴직연금 운용 수익률을 회사의 임금 상승률보다 높게 올릴 수 있는 능력자라면 무조건 DC형으로 전환하는 게 맞습니다. 이때 본인의 능력을 과신해 기대 수익률을 연 20~30% 수준으로 지나치게 높게 잡아서는 안 됩니다. 퇴직연금은 다른 상품에 비해 운용기간이 길기 때문에 그만한 수익률을 달성하는 해도 있겠지만 쉽게 달성 가능한 수익률은 아닙니다.

역설적으로 기대 수익률을 너무 높게 잡았다가 적절한 시점에 매도하지 않아 큰 손해를 볼 수도 있습니다. 국민연금제도가 도입된 1988년부터 2022년 5월까지 투자 전문가 집단인 국민연금기금운용본부의 연평균 누적 수익률이 6.76%이니 개인의 기대 수익률도 이를 기준으로 정하는 것이 합리적입니다.

그리고 허준호 씨처럼 연봉이 감소하는 시기가 찾아오면 DC형으로 전환해야 합니다. 연봉이 줄면 근속기간을 동일하게 적용해도 퇴직급여가 줄어듭니다. 퇴직급여는 보통 퇴직 전 3개월 동안의 평균임금으로 계산합니다. 따라서 연봉이 감소하기

**임금피크제 직전 DB형에서 DC형으로 바꾸는 이점**

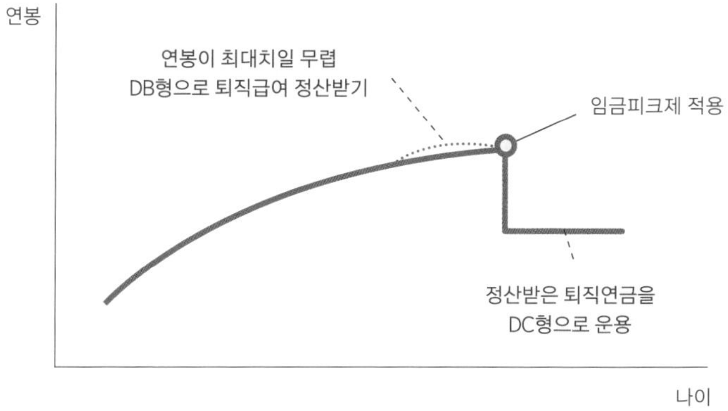


전과 감소한 뒤의 퇴직급여액에는 차이가 있습니다. 허준호 씨는 22년 근속 중이었는데 상담 당시만 해도 팀장직을 내려놓으면 연봉이 얼마나 감소할지 정확히 알지 못했습니다.

예를 들어 월급이 50만 원 줄어든다고 가정하면 퇴직급여는 1,100만 원(50만 원 × 22년)이나 차이가 납니다. 따라서 그 전에 빨리 DB형에서 DC형으로 전환해야 합니다. 회사에서 연봉의 12분의 1 이상을 DC형 계좌로 이체해주면 이때부터는 직접 퇴직급여를 운용해야 합니다. 앞으로 퇴직할 때까지 이 돈을 얼마나 잘 굴리느냐에 따라 퇴직할 때 수령할 수 있는 퇴직연금 적립액이 달라질 것입니다.

월급이 50만 원 감소할 뿐인데 퇴직급여는 1,100만 원이나 감소하므로 임금이 대폭 삭감되는 임금피크제로 들어갈 때는 반드시 DC형으로 전환하기 바랍니다.

불가피하게 퇴직연금을 중도 인출해야 한다면 두 가지 조건을 충족해야 합니다. 하나는 주택구입이나 임차보증금 용도처럼 법에서 정한 중도 인출 사유에 해당하는 것입니다. 다른 하나는 DC형 가입자입니다. DB형 가입자는 중도 인출이 안 됩니다. 따라서 DC형으로 전환한 뒤 중도 인출을 신청해야 합니다. 단 DB형에서 DC형으로 전환하면 다시 DB형으로 바꿀 수 없으므로 신중하게 결정해야 합니다.

## 퇴직 관련 거의 모든 세금의 해결사, IRP 통장

거의 모든 소득에는 세금이 붙습니다. 월급을 받으면 근로소득세를, 예금의 이자를 받으면 이자소득세를, 주식투자를 해서 배당을 받으면 배당소득세를, 상속이나 증여를 받으면 상속세나 증여세를 내야 합니다. 물건을 살 때도 우리가 평소에 잘 느끼지 못하지만 부가가치세를 내고 있습니다. 따라서 자산 수익률을 높이려면 절세가 꼭 필요합니다. 절세의 중요성을 모르는 많은 사람들이 내지 않아도 되는 세금을 내고 있습니다.

조직과 개인이 탁월한 실적을 달성하면 기업은 경영 성과급(인센티브)으로 보상합니다. 성과급도 소득의 일종이므로 반드시 소득세가 부과됩니다.

소득세는 벌어들인 돈이 많을수록 세율도 높아지는 누진세율을 적용합니다. 따라서 월급에 성과급까지 더해지면 더 높은 세율을 적용받아 세금이 늘어납니다.

이때 성과급을 급여계좌가 아닌 퇴직연금계좌로 수령하면 세금을 많이 아낄 수 있습니다. 급여계좌로 입금되면 근로소득세를 내야 하지만 퇴직연금계좌로 받으면 지금 당장이 아니라 나중에 퇴직할 때 퇴직소득세를 납부하면 됩니다. 이조차도 연금으로 수령하거나 몇 년 지나 일시금으로 찾으면 퇴직소득세를 당장 납부하지 않아도 됩니다.

## 인센티브를 IRP로 받을 때의 절세 효과

성과급을 퇴직연금계좌(IRP)로 수령했을 때의 절세 효과는 어느 정도일까요? 과세표준 금액이 5,000만 원 초과 8,800만 원 이하 구간에 해당하면 지방소득세를 포함해 26.4%의 세율을 적용합니다. 이에 반해 30년 근속 후 2억 원을 IRP 계좌로 수령하면 퇴직소득세 실효세율은 1.90%(2023년 기준)밖에 안 됩니다. 근로소득세율 대신 퇴직소득세율을 적용받으면 세금을 훨씬 많이 아낄 수 있습니다.

게다가 근로소득세는 수령과 동시에 세금을 납부하는 거나 마찬가지지만 퇴직소득세는 퇴직할 때 납부하므로 세금까지 더해 운용이 가능해 이익을 챙기는 과세 이연 효과까지 누릴 수 있습니다.

단 모든 퇴직급여 가입자가 성과급을 퇴직연금계좌로 수령할 수 있는 것은 아닙니다. 이 역시 DC형 가입자만 가능합니다. 경영성과급의 급여계좌 수령과 퇴직연금계좌 수령 비율은 근로자가 개별적으로 선택할 수 없으며 기업에서 결정합니다. 이 경우 근로자 협의체와 기업이 수령 방식에 대해 합의하는 과정을 거칠 것입니다.

이 같은 절세 혜택의 내용을 잘 알고 성과급의 일부를 퇴직연금계좌로 수령할 수 있는 제도를 정비해 놓은 기업도 있습니다. 하지만 대부분은 직원들의 절세에 관심이 없으며 적극적으로 나서지 않습니다. 따라서 회사의 관련 부서에 절세를 위해 성과급을 퇴직연금계좌로 받을 수 있는지 확인하기 바랍니다. 만일 불가능하다면 제도 마련을 요청하는 것도 좋습니다.

## 퇴직금 받을 IRP 계좌는 새로 만드세요

앞에서 퇴직급여는 IRP 계좌로 받아야 한다고 말했습니다. 많은 사람들이 세액공제 혜택을 받기 위해 개설해놓은 기존의 IRP 계좌로 퇴직급여를 수령합니다. 하지만 이는 올바른 방식이 아닙니다. 55세 이전에 이미 세액공제를 받던 IRP 계좌로 퇴직급여를 받으면 중도 인출하거나 해지했을 때 세금 면에서 큰 손해를 보기 때문입니다.

게다가 IRP 계좌에 적립한 금액의 일부는 연금으로, 일부는 일시금으로 수령할 계획이라면 낭패를 보게 됩니다. 법에서 정한 중도 인출 사유 외에는 남은 금액을 연금으로 수령할 수 없

**IRP 계좌 중도 인출 허용 사유 및 적용 세율**

| 중도 인출 허용 사유 | 중도 인출 시 적용 세율 | | |
|---|---|---|---|
| | 퇴직급여 | 세액공제 받은 원금과 운용 수익 | 세액공제 받지 않은 원금 |
| 무주택자의 주택 구입, 임차보증금 지급 | 퇴직소득세 100% 납부 | 기타소득세 16.5% 공제 | 과세 제외 |
| 사회적 재난 | | | |
| 개인회생, 파산선고 | 퇴직소득세 30% 감면 | 연금소득세 3.3~5.5% 공제 | |
| 본인, 부양가족의 질병 요양 | | | |
| 천재지변 | | | |

기 때문입니다. 법에서 정한 중도 인출 사유로는 무주택자의 본인 명의 주택 구입이나 임차보증금 부담, 개인회생 절차 개시 및 파산선고, 천재지변이나 코로나 19같은 사회적 재난, 본인이나 부양가족의 질병 등으로 6개월 이상 요양하며 의료비로 연봉의 12.5%를 초과해서 지출한 경우에만 해당합니다.

이런 사유에 해당되지 않고 퇴직연금을 중도 인출할 때는 퇴직연금을 전액 해지해야 합니다. 따라서 퇴직급여는 새로운 IRP 계좌를 만들어서 받아야 합니다.(단 55세 이후 퇴직자는 기존에 만들어둔 IRP계좌를 사용해도 됩니다.)

먼저 중도 인출 사유는 누가 봐도 고통스러운 상황, 즉 개인회생 절차 개시나 파산선고, 천재지변, 본인이나 부양가족의 질병에 따른 6개월 이상 요양에 해당한다면 퇴직소득세를 30% 감면해줍니다. 세액공제를 받은 납입 원금과 운용수익은 연금소득세 3.3~5.5%를 적용하며 세액공제를 받지 않은 납입원금은 과세에서 제외합니다.

중도 인출 사유가 무주택자의 본인 명의 주택구입이나 임차보증금 부담, 코로나 19같은 사회적 재난 등의 이유라면 퇴직소득세를 감면해주지 않으므로 100% 납부해야 합니다. 세액공제를 받은 납입원금과 운용수익에 대해서는 16.5%를 기타소득세로 과세합니다. 세액공제를 받지 않은 금액은 과세하지 않습니다. 세제혜택은 받지 못했지만 필요한 금액만 중도 인출한 뒤에도 IRP 계좌를 계속 유지할 수 있습니다.

## IRP 계좌를 분리했더라면 안 내도 될 세금인데

저는 강원도 지방자치단체에서 주관하는 강의에서 퇴직자 유필선 씨를 만났습니다. 그가 퇴직할 때 회사에서 퇴직급여 수령에 필요한 IRP 계좌 사본을 요청했습니다. 유필선 씨는 세액공제용으로 예전에 개설했던 IRP 계좌 사본을 제출했습니다. 퇴직 후 1년쯤 지나 카페를 창업하면서 자금이 모자랐던 그는 IRP 계좌가 있는 은행에서 5,000만 원을 인출하기로 했습니다. 그런데 은행은 부분 인출이 불가하다고 통보했습니다. 달리 돈을 융통할 방법이 없던 그는 IRP 계좌를 전액 해지했고 꽤 큰 손해를 입었습니다.

유필선 씨의 이야기를 들으면서 저는 너무도 안타까웠습니다. 그가 퇴직급여용 IRP 계좌를 새로 만들거나 연금저축 계좌를 만들어 IRP 계좌에 있는 적립금을 이곳으로 이동해 필요한 만큼만 인출했다면 어땠을까요? 원래 계획대로 세액공제용 IRP 계좌에 있는 돈은 연금으로 수령해 은퇴 생활비에 보탤 수 있었을 것입니다. 하지만 누구도 퇴직급여용 IRP 계좌를 따로 만들어야 한다는 사실을 알려주지 않았고 결국 원치 않는 해지를 할 수밖에 없었습니다.

그 결과 예정에 없던 해지로 원금과 운용수익에 대해 16.5%의 기타소득세를 납부해야 했습니다. 세액공제를 받은 13.2%보다 더 토해낸 것입니다.

따라서 55세 이전에 퇴직한다면 IRP 계좌가 있어도 퇴직급여 전용 IRP 계좌를 하나 더 만들기 바랍니다. 두 개의 IRP 계좌는 적립금 재원에 따라 다르게 적용하는 세율을 고려해 효율적으로 사용하면 됩니다. IRP 계좌는 금융회사별로 1인당 한 개만 만들 수 있습니다. 미래에셋증권에서 IRP 계좌를 만들어 납입금액에 대해 세액공제를 받고 있었다면 두 번째 IRP 계좌는 하나증권 같은 다른 금융회사에서 만들어야 합니다.

### 연금계좌 이동하기

이 외에도 연금계좌 간 이동 제도를 활용해 문제를 해결할 수 있습니다. 번거롭더라도 퇴직급여와 별도 납입금 및 운용수익이 혼합된 IRP 계좌를 연금저축 계좌로 이동합니다. 그러면 세금 부담이 적은 순서로 필요한 만큼만 인출할 수 있습니다. 연금계좌는 소득세법상 이체 조건을 충족하면 자유롭게 이동이 가능합니다. 방법도 간단합니다. 이동하고 싶은 금융회사에 IRP나 연금계좌를 개설하면서 이전을 요청하면 됩니다.

연금계좌를 이동할 때는 이체 받는 연금계좌의 가입일을 꼼꼼하게 확인해야 합니다. 2013년 3월을 기준으로 연금계좌 가입일에 따라 연금 개시일과 연금 수령연차가 달라지기 때문입니다. 2013년 3월 이전에 가입한 연금계좌는 가입기간 10년을 채우고 연금을 5년 이상으로 나눠 수령해야 합니다. 최초 연금 수령 연차는 6년을 적용합니다. 그에 반해 2013년 3월 이후에 가입한 연금계좌는 가입기간은 5년을 채우고 연금을 10년 이상으로 나눠 수령해야 합니다. 최초 연금수령 연차는 1년을 적용합니다. 연금계좌에 가입한 시기가 2013년 3월 이후라고 해도 퇴직연금계좌 가입일이 그 이전이라면 연금계좌 이체 시 2013년 3월 이전에 가입한 것으로 봅니다. 따라서 두 가지 가입일 중 각자의 필요에 따라 적절한 것을 선택하면 됩니다.

연금계좌 간 이동에서 한 가지 주의할 것이 있습니다. IRP 계좌 간 이동이나 연금저축 계좌 간 이동에는 특별한 제한이 없지만 연금저축 계좌와 IRP 계좌 간 이동은 소득세법상 세 가지 조건을 충족해야 합니다. 만 55세 이상, 5년 이상 가입, 전액 이체입니다. 단 퇴직급여를 입금한 IRP 계좌는 가입기간과 상관없이 바로 이체가 가능합니다.

## 목돈 담은 IRP 계좌, 계좌수수료 폭탄 주의

IRP 계좌를 개설할 때는 계좌관리 수수료도 신경 써야 합니다. 예를 들어 퇴직급여 수령액이 2억 원인데 계좌관리 수수료

### 국내 증권사별 개인형 IRP 계좌 수수료

| 증권사 | 수수료율(%) | IRP에 1억 원 적립 시 연간 수수료 |
|---|---|---|
| 유안타증권 | 0.00 | 0 |
| 신한투자증권 | 0.00 | 0 |
| 미래에셋증권 | 0.24 | 24만 원 |
| 대신증권 | 0.25 | 25만 원 |
| NH투자증권 | 0.00 | 0 |
| 신영증권 | 0.30 | 30만 원 |
| 삼성증권 | 0.00 | 0 |
| KB증권 | 0.00 | 0 |
| 한화투자증권 | 0.00 | 0 |
| 현대차증권 | 0.25 | 25만 원 |
| 하이투자증권 | 0.38 | 38만 원 |
| 한국투자증권 | 0.00 | 0 |
| 하나증권 | 0.00 | 0 |
| 한국포스증권 | 0.00 | 0 |

2023년 4월 기준, 금융사의 정책에 따라 수수료는 달라질 수 있음
출처: 금융투자협회 전자공시서비스, 증권사 퇴직연금비교공시

가 0.25%라고 하면 연간 50만 원의 수수료가 발생합니다. 따라서 수수료 부담이 없는 IRP 계좌를 개설하는 게 무조건 이익입니다.

연금저축 계좌는 수수료가 없지만 IRP 계좌는 자산관리와 운용관리 명목으로 별도의 수수료를 받습니다. 금융감독원에서 운영하는 금융소비자 정보포털 '파인'에서 금융회사별 계좌관리 수수료를 조회해보면 연간 계좌잔고의 0.6%까지 징구하는

것을 알 수 있습니다. 대체로 증권사보다 은행이, 은행보다 보험회사가 수수료율이 높은 편입니다.

최근 비대면으로 IRP 계좌를 개설하거나 퇴직급여를 수령하면 계좌관리 수수료를 징구하지 않는 증권회사가 늘고 있습니다. 비대면 개설이 어렵다면 금융회사 창구에서 직원에게 비대면으로 개설해달라고 하면 됩니다. 이때 스마트폰과 신분증을 챙겨야 합니다.

퇴직연금 전용 IRP 계좌 개설 외에도 많은 사람들이 잘 몰라서 손해보는 것이 DC형 퇴직연금 안에서 운용하던 상품을 퇴직할 때 해지하거나 매도하는 것입니다. DC형 퇴직연금 사업자와 동일한 금융회사에서 IRP 계좌를 개설하면 보유한 상품의 해지 없이 이전이 가능합니다. DC형 퇴직연금 사업자가 유안타증권이라면 IRP 계좌도 유안타증권에서 개설하면 됩니다.

## 퇴직금, 연금으로 수령 시 놀라운 세금 혜택

정부가 연금상품에 많은 세제혜택을 주고 중도 인출을 어렵게 만드는 이유가 있습니다. 정부가 국민의 노후를 완전히 책임질 수 없으니 세제혜택을 통해 개인이 스스로 노후 준비를 잘하도록 동기부여를 하는 것입니다. 아울러 연금 적립금을 일시금으로 수령하는 것보다 연금으로 수령할 때 은퇴생활을 안정적으로 꾸려나갈 수 있다고 판단하기 때문입니다.

강의나 상담을 하다보면 과거에 비해 퇴직급여를 연금으로 수령하겠다는 퇴직 예정자의 비율이 높아졌습니다. 앞으로도 계속 증가하겠지만 개인적인 욕심으로는 퇴직자 모두가 퇴직급여를 일시금이 아닌 연금으로 수령해 안정적인 은퇴 생활비를 확보하기를 바라는 마음입니다. 연금 수령은 세금 혜택도 많이 받을 수 있는데 지금부터 자세히 살펴보겠습니다.

### 1 | 퇴직소득세 감면

퇴직급여라는 억 단위의 거금에 떼어가는 퇴직소득세는 뼈아픕니다. 하지만 퇴직급여를 연금으로 수령하면 수령 10년차까지는 30%, 11년차부터는 40%의 퇴직소득세를 감면해줍니다.

직장에서 25년 동안 근속하면서 퇴직급여를 열심히 불려서 퇴직할 때 3억 원을 수령한다면 세금은 얼마일까요? 2023년 기준 실효세율 4.5%를 적용한 퇴직소득세는 1,361만 원입니다. 연금으로 수령한다면 10년차까지는 수령액에 대한 실효세율 4.5%의 70%인 3.15%의 퇴직소득세를 납부하고, 11년차부터는 2.7%를 납부하면 됩니다. 10년만 연금으로 수령해도 퇴직소득세가 1,361만 원에서 953만 원으로 408만 원이나 줄어듭니다.

### 2 | 운용수익에 대한 과세이연 효과로 이익 극대화

일반 은행계좌에 예금을 해 이자를 받거나 증권계좌에 ETF

투자로 배당을 받으면 15.4%의 소득세를 내야 합니다. 이자나 배당을 받기 전에 그 소득에 대해 15.4%를 원천징수하고 나머지만 지급받는 것입니다. 하지만 IRP 계좌의 적립금액으로 저축이나 투자를 하면 그 수익에 대해서는 인출하기 전까지 세금을 내지 않아도 됩니다. 즉 과세가 이연되므로 인출 전까지는 세금까지도 계속 재투자를 할 수 있습니다.

예를 들어 1억 원을 10년 동안 투자해 연평균 5%의 수익률을 올렸다면 일반 증권계좌에서는 세후 순수익이 5,133만 원입니다. 하지만 IRP 계좌에서는 인출 전까지 6,289만 원의 순수익을 얻을 수 있습니다.

연금으로 인출할 때 연금소득세 5.5%(70세 이하 연금수령 시 적용 세율)를 납부하더라도 순수익은 5,943만 원으로 일반계좌보다 810만 원의 수익을 더 거둘 수 있습니다. 적립금액이 더 많으면 과세이연 효과는 더 커집니다.

### 3 | 퇴직소득세까지 포함한 액수로 운용 가능

급여계좌 같은 일반계좌로 퇴직급여를 수령하면 퇴직소득세를 차감한 금액이 들어오지만, IRP 계좌를 만들어 퇴직급여를 수령하면 퇴직소득세를 차감하지 않은 금액이 입금됩니다. 따라서 인출 전까지는 적립금액에 더해 퇴직소득세까지 함께 운용해 추가 수익을 얻을 수 있습니다. 퇴직급여를 일시금으로 찾아 부채를 상환하거나 창업자금 등으로 사용할 게 아니라 금융상품으로 저축이나 투자할 생각이라면 무조건 IRP 계좌로 퇴직급여를 수령해서 IRP 계좌 안에서 투자하는 게 유리합니다.

**4 | 세금 납부 이연과 화폐가치 하락으로 세금 감소**

통화정책을 펼치는 미국 연방준비제도이사회나 우리나라 한국은행에서 관리하는 연간 물가상승률은 2%입니다. 이는 퇴직할 때 내야 할 퇴직소득세가 1,000만 원이라면, 연금 수령 후 10년이 지나 세금을 낼 때 1,000만 원의 실제 가치는 약 18% 하락한 817만 원이 된다는 뜻입니다. 따라서 지금 당장 퇴직소득세를 내는 것보다 1년이라도 늦게 내야 화폐가치 하락이 반영돼 실질적인 부담이 적습니다.

이 외에도 금융소득이 1인당 연간 2,000만 원을 초과하면 금융소득 종합과세 대상이 됩니다. 그런데 IRP 계좌에서 저축이나 투자를 해 발생한 수익은 금융소득 종합과세 대상 수익에 포함되지 않습니다. 덕분에 상대적으로 낮은 세율을 적용합니다.

또 1,000만 원을 초과하는 금융소득은 건강보험료에도 영향을 미칩니다. 이자나 배당 소득의 100%가 소득보험료에 포함돼 직장가입자에서 지역가입자로 자격이 전환되면서 건강보험료가 상승합니다. 이때 IRP 계좌를 이용하면 건강보험료 부과 대상 소득에서 제외돼 건강보험료도 아낄 수 있습니다.

## 퇴직급여의 전략적 수령법

퇴직자가 55세 미만이라면 퇴직급여는 무조건 IRP 계좌로 수령해야 합니다. 하지만 55세가 넘었다면 DC형 퇴직연금가입자는 IRP나 급여계좌 같은 일반계좌 중 선택해 수령할 수 있습니다.

55세 이상인 DB형 퇴직연금가입자는 IRP나 연금저축, 그리고 일반계좌 셋 중 하나를 선택해 수령하면 됩니다. 퇴직급여액이 300만 원 이하라면 일반계좌로 수령해도 관계없습니다. 다음 장의 그림은 퇴직급여 수령 가능 계좌를 한눈에 보여줍니다.

**퇴직연금에 종류에 따라 퇴직금을 받는 금융계좌**

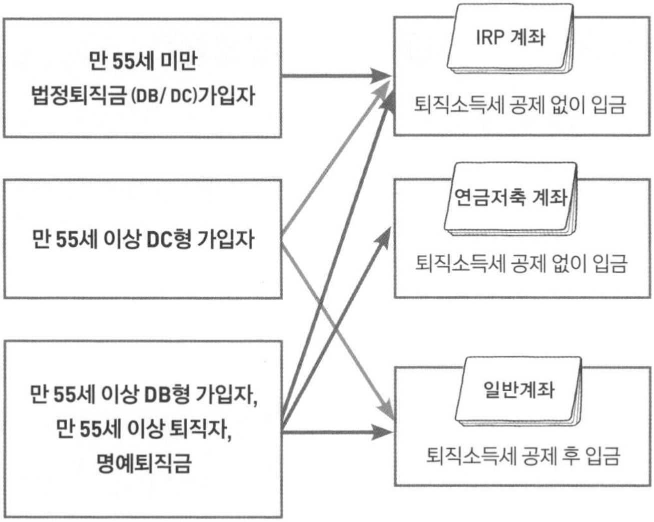


얼마 전 60세로 정년퇴직한 임일호 씨가 자신이 보유한 연금과 자산을 어떻게 은퇴 생활비로 배분해야 할지 조언을 얻고 싶다며 저를 찾아왔습니다. 그는 퇴직하면서 DB형 퇴직연금을 받았고 일시금으로 사용하려고 일반계좌로 이체 받았다고 했습니다. 퇴직연금을 일반계좌로 받으면 퇴직소득세를 차감한 금액이 이체됩니다. 임일호 씨도 퇴직소득세 746만 원을 차감한 1억 9,429만 원을 수령했습니다.

하지만 퇴직연금을 일반계좌로 받아도 수령한 날로부터 60일 이내에 IRP 계좌나 연금저축 계좌를 만들어 반납하면 차감한 퇴직소득세가 다시 들어옵니다. 다행히 퇴직연금을 수령한 지 60일이 지나지 않았습니다.

저는 그에게 곧바로 IRP 계좌를 새로 만들어 수령한 퇴직금을 반납하라고 조언했습니다. 퇴직연금을 연금이 아니라 일시금으로 사용할 목적이라도 일반계좌가 아니라 IRP나 연금저축 계좌로 받은 후에 일시금으로 수령하면 퇴직소득세를 조금이라도 아낄 수 있기 때문입니다. 그는 곧바로 증권사로 가 신규 IRP 계좌를 만들어 퇴직금을 옮겼습니다. 며칠 후 조언 덕분에 세금 54만 원을 절약했다는 감사 전화를 받았습니다.

퇴직급여를 IRP 계좌나 연금저축 계좌로 받아 연금으로 수령하면 10년 이내 연금은 퇴직소득세의 30%를, 11년차부터는 40%를 감면해줍니다. 연금 수령 연차는 2013년 3월 이전에 퇴직연금에 가입했으면 첫 해 연금을 수령할 때 6년차를 적용받고 2013년 3월 이후에 가입했다면 1년차를 적용합니다.

퇴직연금을 수령한 연금계좌의 수령 연차도 최초 가입일에 따라 2013년 3월 이전이라면 6년차를, 이후에는 1년차를 적용합니다. 당해 연도 연금계좌 평가액은 퇴직급여를 받아 바로 연금 수령을 신청하고 받은 금액이며, 그 다음해부터는 매년 1월 1일 기준으로 계좌에 남은 금액으로 평가됩니다.

$$\text{연 연금수령 한도} = \frac{\text{연금계좌 평가액}}{\text{11-연금 수령 연차}} \times 1.2$$

임일호 씨는 2010년에 퇴직연금에 가입했기 때문에 연금수령 연차로 첫해에 6년차를 적용합니다. 퇴직소득세가 차감되지 않은 2억 175만 원 중 4,842만 원을 연금으로 수령할 수 있었는데 이 금액에 해당하는 퇴직소득세의 30%인 54만 원을 감면받고 125만 원을 퇴직소득세로 납부했습니다. 나머지 1억 5,333만 원은 일시금으로 찾았기 때문에 퇴직소득세 전액인 567만 원을 세금으로 납부해야 합니다.

$$\text{임일호 씨의 연간 수령 가능 퇴직연금액} \quad \frac{\text{2억 175만 원}}{\text{5년(11년-6년)}} \times 1.2 = \text{4,842만 원}$$

퇴직연금을 일시금으로 쓰더라도 일반계좌 대신 연금계좌로 수령해야 퇴직소득세를 아낄 수 있습니다. 임일호 씨는 근속기간이 길어 퇴직소득세 실효세율이 3.7%밖에 안 돼 54만 원만 절세했지만 퇴직급여액이 크거나 근속기간이 짧으면 퇴직소득세 실효세율이 올라가 절세할 수 있는 금액이 더 커집니다.

## 일반계좌로 수령 후 일부만 IRP에 다시 넣는 것도 가능

많은 사람들이 퇴직연금에 관해 착각하는 것 중 하나는 퇴직급여를 전액 일시불이나 전액 연금 방식으로만 받아야 한다고 생각하는 것입니다.

전혀 그렇지 않습니다. 퇴직급여를 IRP 계좌나 연금저축 계좌에 넣어 더 굴린 뒤 돈이 필요할 때 임일호 씨처럼 연금 수령한도에 해당하는 금액은 퇴직소득세를 감면받고 나머지만 일시금으로 수령할 수 있습니다. 연금 수령연차가 더 올라가면 더 많은 세금을 줄일 수 있고, 10년차 이후에는 연금 수령한도를 적용하지 않기 때문에 잔액을 한꺼번에 찾아도 됩니다.

가령 퇴직급여로 2억 원을 수령한다면 필요에 따라서 7,000만 원은 일시금으로 사용하고 1억 3,000만 원은 연금으로 받을 수도 있습니다. 이렇게 분할해서 사용할 경우에는 일반계좌로 퇴직급여를 수령한 후 60일 이내에 연금으로 수령할 금액만

IRP 계좌나 연금저축 계좌로 이체하면 됩니다. 아니면 퇴직급여를 연금저축 계좌로 수령한 후 일시금으로 사용할 금액만 인출해도 됩니다.

## 나에게 딱 맞는 퇴직연금 수령 전략

퇴직급여를 연금으로 받는다면 수령방식을 정해야 합니다. 퇴직연금은 55세 이후부터 수령할 수 있지만 이때도 재직 중이라면 퇴직 이후에 연금 수령을 신청해야 합니다.

은퇴 준비는 은퇴 이후 필요한 생활비에서 지금까지 준비한 생활비를 차감했을 때 부족한 부분을 메우는 과정입니다. 매달 50만 원이나 100만 원같이 일정 금액을 정하거나, 10년이나 20년처럼 일정 기간을 정해서 연금을 수령하기보다 부족한 차액에 맞춰 매달 연금 수령금액을 정하는 것이 은퇴 생활비를 확보하는 가장 좋은 방법입니다.

## 퇴직연금 수령 방식

국민연금은 매달 수령액을 선택할 수 없지만 퇴직연금은 매달 필요한 만큼만 수령 연금액을 조절할 수 있습니다. 연간 연금수령한도를 초과하지 않으면 세금의 불이익도 받지 않습니다. 하지만 사람에 따라서는 매월 연금 수령액을 정하는 게 번거로워 자동으로 통장에 연금이 꽂히는 것을 더 선호하기도 합니다. 연금을 받는 방법은 생각보다 다양합니다. 그러므로 연령별 은퇴 생활비 과부족을 고려해 자신에게 가장 잘 맞는 연금 수령방식을 선택해야 합니다.

강의를 듣는 사람들에게 연금 수령방식에 관해 질문하면 정해진 기간에 동일한 연금액을 받아야 하는 것으로 알고 있습니다. 일반적으로 보험회사에서 가입한 연금보험을 수령할 때 종신형이나 10년 또는 20년의 기간 확정형을 선택하면 그동안 동일한 연금액이 지급되기 때문입니다. 하지만 보험회사 연금보험도 수령 연차가 높아질수록 연금액이 점점 증가하는 체증형이나 점점 감소하는 체감형 등 다양한 수령 방식이 있습니다.

하지만 보험회사의 경우 한 번 선택한 수령방식은 연금이 개시되면 중간에 변경할 수 없습니다. 즉 20년 확정형을 선택했다

#### 시중 투자증권사의 연금 수령방식

| 수령 방식 | 내용 |
|---|---|
| 기간 지정형 | 5년~40년 사이의 일정기간 동안 연금 수령 |
| 금액 지정형 | 매월 일정금액을 지정해 연금 수령 |
| 기간-금액 지정형 | 일정한 기간 동안 일정한 금액으로 연금 수령 |
| 구간 지정형 | 구간별로 각기 다른 연금액을 받는 방법<br>(공적연금 지급 시기 감안) |
| 연간 한도 내 수령형 | 연간 연금 수령한도 금액을<br>지급 주기에 따라 나눠받는 방식 |

면 중도에 본인의 재무 상태에 변화가 생겨 다른 방식으로 연금을 수령하고 싶어도 변경이 안 됩니다. 그에 비해 은행이나 증권사 연금계좌는 보험회사 연금보험보다 연금 수령방식에 있어 선택의 폭이 넓습니다. 연금을 수령하다가도 언제든지 중단했다 다시 받거나 다른 방법으로 전환해서 수령할 수 있습니다.

위의 표는 NH투자증권의 연금 수령방식입니다. 기간을 지정할 수 있고 금액을 지정할 수도 있습니다. 일정한 기간 동안 일정한 금액을 지정해 연금을 받을 수 있고 구간을 정해 앞에서는 많이 받고 뒤에서는 적게 받거나 반대로 앞에서 적게 받고 뒤에서 많이 받을 수도 있습니다. 연간 허용된 연금 수령한도액만큼 만 받을 수도 있습니다.

표에는 없지만 비정기 연금 서비스를 신청하면 평가금액의 90%까지는 원하는 시점에 원하는 금액을 지급받을 수 있습니다. 이는 제가 연령별 필요한 은퇴 생활비 확보에 가장 이상적이라고 생각하는 방식입니다. 인출 횟수에 제한이 없기 때문에 연금 수령계획에 따라 자유롭게 연금을 수령할 수 있습니다. 단 연금 수령한도를 초과한 금액은 퇴직소득세의 감면 없이 100%를 납부해야 합니다.

금융회사마다 기본적인 연금 수령 방식은 비슷하지만 조금씩 다른 방식을 개발해 가입자가 자유롭게 선택할 수 있는 환경을 제공하고 있습니다. 삼성증권의 경우 연금 인출 옵션을 다양하게 구성해 연금 수령 시 103가지의 방식 중 하나를 택할 수 있다고 합니다. 자신의 퇴직연금을 가입한 금융회사에서 제공하는 가장 적합한 수령 방식을 상담한 뒤 선택하면 됩니다. 만약 원하는 방식으로 인출이 안 된다면 다른 증권사로 연금 이전을 신청하면 됩니다.

## IRP 계좌에서 연금으로 돈이 빠져나가는 순서

IRP 계좌는 적립금의 원천에 따라 인출 순서와 세금을 다르게 부과합니다(189쪽 참조). 세금혜택을 가장 받지 않은 돈부터 순서대로 빠져나갑니다. 세액공제를 받지 않은 개인부담금액이 있다면 가장 먼저 비과세로 인출됩니다.

그다음으로 퇴직 전의 운용수익이 포함된 DC형 퇴직연금의 퇴직소득입니다. 연간 연금 수령한도 이내에서 연금을 받으면 1년~10년차에는 퇴직소득세의 30%를 감면해주고, 11년차부터 퇴직소득세의 40%를 감면해줍니다. 퇴직소득은 인출 후 금액에 상관없이 전액 분류과세를 적용합니다.

다음 순서는 근로기간 동안 세액공제를 받기 위해 개인이 부담한 금액과 그 금액에서 발생한 운용수익입니다. 연금으로 수령하면 연령에 따라 지방소득세를 포함해 3.3~5.5%의 연금소득세를 부과합니다(만 55세~69세: 5.5%, 만 70세~79세: 4.4%, 만 80세 이상: 3.3%).

세액공제 받은 금액과 그 금액으로 발생한 운용수익은 연간 1,200만 원을 초과해서 인출하면 전체 금액을 이자나 배당 등 다른 소득과 합산하는데, 종합과세 또는 16.5%의 분리과세 중 유리한 쪽을 선택할 수 있습니다. 따라서 연금 수령 후반부에 관리가 필요합니다. 예를 들어 연간 1,300만 원을 연금으로 인출했다면 초과분 100만 원이 아니라 1,300만 원 전액이 종합과세나 16.5%의 분리과세에 해당됩니다. 이 내용에 대해서는 '4장 개인연금' 편에서 자세하게 설명하겠습니다.

### 퇴사하면 IRP의 ETF를 모두 해지해야 하나요?

IRP 계좌에는 다양한 금융상품이 섞여 있습니다. 지극히 안전을 추구하는 퇴직자 계좌에는 정기예금과 같은 원리금 보장 상품만 가득 들어있겠지만, 적극적으로 수익을 추구하는 퇴직자 계좌에는 펀드나 ETF 등 다양한 투자자산이 섞여 있습니다. 강의에서 가끔 연금을 수령하면 IRP 계좌에 담아 저축이나 투자하던 상품들을 퇴직한 후 일괄 해지하거나 매도해야 하는지를 묻는 사람들이 있습니다.

결론부터 말하면 그럴 필요 없습니다. 보통 IRP 계좌에 가입할 때 연금을 수령할 시점에 현금이 부족할 경우 가입자가 보유 상품 중 자동 매도할 상품군 순서를 미리 지정해 놓습니다. 자동 매도 순서를 지정하지 않았다면 가장 먼저 인출되는 자산은 현금입니다. 그다음은 예금적금, 원리금 보장형 ELB, 발행어음 등과 같은 원리금 보장상품입니다. 그리고 펀드와 실적배당형 ELB나 ELS 등이 순서에 따라 자동 매도됩니다. ETF는 현재는 자동 매도가 되지 않으므로 직접 매도 주문을 내야 합니다.

일반적으로 2년~3년 안에 수령할 연금액은 현금이나 원리금 보장상품에 넣어두는 게 좋습니다. 연금 지급액이 부족해지면 순서에 따라 상품을 자동으로 매도하게 되는데 투자상품에 담아 놓았다가 2022년처럼 주가가 폭락한 시점에 매도하게 되면 큰 손실을 볼 수 있습니다.

적어도 1년에 한 번은 2년~3년분의 연금 수령액을 계산해 상품 매도계획을 세워 놓으면 그 시점에 매도하지 않아야 할 상품의 자동 매도로 인한 손해를 예방할 수 있습니다. 재원별 인출 순서와 상품별 매도 순서까지 감안하면 상당히 복잡해 보이지만 금융회사가 잘 알아서 인출을 진행하니 개인은 연간 연금액이 1,200만 원을 초과하는 것과 원치 않는 시점에 투자상품이 자동 매도되는 것만 신경 쓰면 됩니다.

## “퇴직소득세만 7천만 원?” 돌려받는 방법

퇴직급여를 수령하면 납부해야 하는 퇴직소득세는 퇴직급여가 많을수록, 근속기간이 짧을수록 많습니다. 특히 요즘에는 내 집 마련이나 급한 사정 때문에 부득이하게 퇴직급여를 중간정산받은 사람도 많습니다.

이 경우 퇴직소득세가 문제가 됩니다. 근속기간이 짧으면 퇴직소득세를 많이 내야 하는데 퇴직급여를 중간정산한 다음날부터 근속기간을 새로 계산하기 때문입니다. 여기에 희망퇴직이나 명예퇴직으로 위로금을 받게 되면 퇴직급여가 늘어나면서 퇴직소득세는 한층 더 증가합니다. 이럴 때 세금을 줄일 수 있는 방법이 있습니다. 중간정산 이전과 이후 근속연수를 합산해 퇴직소득세를 다시 계산하는 퇴직소득 세액정산 특례를 이용하는 것입니다.

### 퇴직소득 세액정산 특례 활용하기

2020년에 희망퇴직을 한 50대 중반의 이주광 씨는 퇴직급여 2억 원에 희망퇴직금 2억 원을 더해 총 4억 원을 받았습니다. 다만 그는 2010년에 주택 구입에 필요한 자금 마련을 위해 퇴직급여를 중간정산하면서 근속기간을 10년밖에 인정받지 못했습니다.

그는 무려 7,000만 원의 퇴직소득세를 내야 했고 결국 그가 손에 쥔 금액은 3억 3,000만 원이었습니다. 이런 상황에서 이주광 씨는 퇴직자의 노후자금에서 세금이 차지하는 비중이 너무 높다며 불만을 토로했습니다.

그에게 퇴직급여 중간정산 이전이나 이후에 이직한 적이 있는지 물었습니다. 그는 대학 졸업 후 취직해 한 직장에서만 근무하다가 퇴직했다고 말했습니다. 17년째 근속 중이던 2010년에 퇴직급여 7,200만 원을 중간정산했고 이때 200만 원의 세

## 이주광 씨의 퇴직소득 세액정산 특례 적용 사례

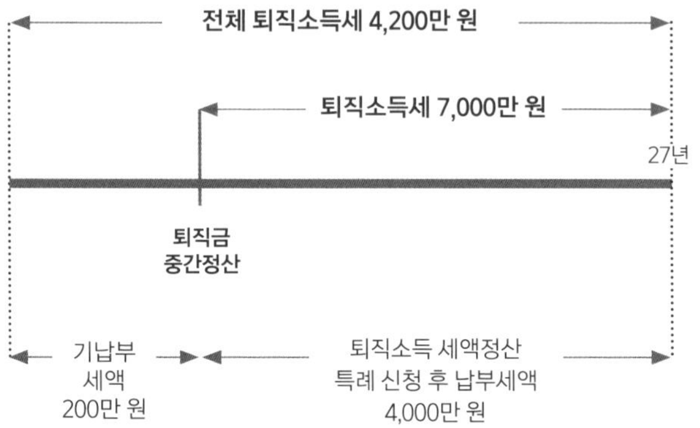


퇴직소득세는 급여가 많을수록, 근속연수가 적을수록 늘어남.

금을 냈다고 합니다. 저는 그에게 퇴직소득 세액정산 특례제도를 이용하면 세금을 아낄 수 있었을 텐데 왜 이용하지 않았냐고 물었습니다. 그는 이런 제도가 있는줄도 몰랐다고 했습니다. 실제로 이주광 씨처럼 이 제도를 제대로 알고 활용하는 직장인은 많지 않습니다.

퇴직소득 세액정산 특례를 활용해 이주광 씨의 퇴직소득세를 다시 계산해 보겠습니다(그림 참조). 중간정산으로 받은 7,200만 원과 퇴직 후 받은 퇴직급여 4억 원을 더한 총 4억 7,200만 원에 근속기간 27년을 적용하면 4,200만 원의 퇴직소득세가 산출됩니다. 여기서 중간정산할 때 이미 납부했던 퇴직소득세 200만 원을 빼면 4,000만 원을 납부하면 됩니다. 특례 제도만 잘 알고 있어도 3,000만 원이라는 큰 금액을 아낄 수 있었던 것입니다.

이주광 씨는 이미 퇴직소득세를 납부했고 잘못을 바로 잡을 수 있는 보정기간도 지났습니다. 하지만 세무서에 경정 청구(납세 의무자가 보정기간 3개월이 경과해 과다 납부한 세액을 바로잡을 것을 요청하는 행위로 납세 신고한 날부터 5년 이내에 세무서에 청구해야 함)를 해서 3,000만 원을 돌려받았습니다.

보통 퇴직자가 회사에 퇴직소득세 정산을 요청하면 회사는 중간정산 및 최종 퇴직급여를 합산하고 중간정산 이전 기간을 전체 근로기간에 포함해 새롭게 퇴직소득세를 계산합니다. 이 경우 퇴직소득세율이 낮아져 대부분 퇴직자에게 유리하지만 그렇지 않을 때도 있으니 회사의 정산 결과를 확인한 뒤 자신에게 유리한 방법을 선택하면 됩니다.

다만 누구나 퇴직소득 세액정산 특례에 해당하는 것은 아닙니다. 임원이 되면서 퇴직급여를 중간정산한 경우, 임금피크제로 전환하면서 중간정산한 경우, 회사의 합병이나 분할과 같은 조직 변경으로 퇴직급여를 수령한 경우 등 다양한 사유로 중간 정산이 이루어집니다. 따라서 무엇보다 먼저 자신이 퇴직소득 세액정산 특례 대상에 포함되는지부터 확인해야 합니다. 또한 이직한 사람은 특례 대상이 아닙니다.

2023년부터 적용되는 세제개편안에 따르면 퇴직소득세를 산출할 때 적용하는 근속연수 공제가 대폭 확대되었습니다. 근속기간이 길수록 퇴직소득세가 더 많이 줄어들게 된 것입니다.

퇴직자와 재무상담을 하면 재무팀이나 경영지원팀에서 퇴직금 중간정산을 받은 퇴직자에게 따로 퇴직소득 세액정산 특례 제도가 있음을 알려주는 경우가 많지 않았습니다. 따라서 퇴직금 중간정산을 했던 분들이라면 반드시 퇴직소득 세액정산 특례를 신청해 퇴직소득세를 낮추시길 바랍니다.

## 퇴직연금, 연평균 수익률 5%를 사수하라

퇴직연금과 관련해 가장 안타까운 점은 IRP 계좌나 연금저축 계좌를 방치하는 것입니다. 최근 들어 미국의 지속적인 기준금리 인상으로 예금 이자도 많이 올랐습니다. 하지만 몇 년 전까지만 해도 세후 이자율이 연 1%밖에 안 되는 원금보장 상품에 퇴직연금을 넣어둔 채 아무것도 하지 않는 사람들이 많았습니다. 그러던 중 코로나19 발생 이후 주가가 가파르게 상승하면서 뒤늦게 재테크에 관심이 생긴 사람들이 계좌 안에 주식형 상품을 담기 시작했습니다.

지금은 또다시 주식시장의 폭락으로 손실이 큰 사람들이 많은데 이들 중 상당수가 원금만 회복되면 다시는 투자형 상품은 쳐다보지 않을 것이라고 말합니다. 수익률은 거의 없어도 안전하게 원금이 보장되는 상품에만 퇴직급여를 넣겠다는 것인데 이럴 때마다 또 다시 안타까움을 느낍니다. 퇴직급여 투자는 시장 상황에 따라 유연하게 변화를 주어야 합니다.

2023년처럼 금리가 오르는 상황이라면 장기예금에 가입하는 게 좋습니다. 그러다가 다시 저금리 기조로 돌아서면 만기에 적립금을 빼서 일정 금액을 투자형 상품에 예치합니다. 자산은 방치하지 않고 관리를 통해 수익률을 높여야 합니다. 이를 위해 시장 상황에 꾸준히 관심과 노력을 기울여야 합니다.

퇴직연금 계좌나 개인연금 계좌의 목표 수익률을 연평균 5% 이상으로 잡고 정기적으로 상품의 포트폴리오를 변경하기 바랍니다. 지난 27년간 금융업계에서 일하며 깨달은 사실 중 하나는 누구든 관심과 노력만 기울이면 연평균 5% 이상의 수익률을 충분히 달성할 수 있다는 것입니다. 퇴직연금이나 개인연금의 최대 장점은 장기 투자입니다. 투자기간이 길면 상대적으로 리스크가 줄어드는데 연금상품은 손해 볼 생각이 아닌 이상 반강제로 유지할 수밖에 없습니다. 마음만 먹으면 투자기간을 늘려 리스크를 더 줄일 수도 있습니다. 연금을 수령하면서 적립금이 다 소진될 때까지 투자를 계속할 수 있기 때문입니다.

은퇴자산 마련은 시간, 투입금, 수익률에 달려 있습니다. 저는 그동안 충분한 은퇴자산을 마련하려면 '3더 원칙'을 지켜야 한다고 강조했습니다. '3더'는 더 긴 시간, 더 많은 금액, 더 높은 수익률을 의미합니다. 40~50대가 20~30대에 비해 시간이 부족한 것은 사실입니다. 하지만 연금을 수령하면서도 적립금의 수익률을 높이는 투자가 가능하다는 점에서 시간은 충분합니다. 지금부터라도 일정 금액을 투입해 수익률을 높이는 데 집중하기 바랍니다.

IRP 계좌나 연금저축 계좌로 투자할 수 있는 상품을 잘 활용하면 연평균 5% 이상의 수익률을 얻을 수 있습니다. 물론 지금같이 주식시장이 폭락하는 상황에서는 단기적으로 수익률이 마이너스를 기록할 수밖에 없습니다. 하지만 꾸준히 투자 기간을 늘리면 충분히 회복이 가능합니다.

시장 상황이 안 좋다고 투자자산을 전부 매도하고 시장을 완전히 떠나 안전자산에만 올인하는 것은 너무 위험합니다. 과거의 폭락장 경험에서 오는 걱정 때문에 시장을 떠나면 손해를 회복할 방법도 없고 합리적 수익을 얻을 기회도 사라집니다.

**연 수익률 5%일 때 적립금에 따른 투자수익의 차이**

| 경과 기간 | 적립금 | 매달 인출액 | 적립금 | 매달 인출액 | 적립금 | 매달 인출액 |
|---|---|---|---|---|---|---|
| 현재 | 1억 원 | | 2억 원 | | 3억 원 | |
| 11년차 (인출 시작) | 1억 7,103만 원 | 86만 원 | 3억 4,207만 원 | 174만 원 | 5억 1,310만 원 | 261만 원 |
| 40년차 (잔액) | 1,835만 원 | 0원 | 2,075만 원 | 0원 | 3,113만 원 | 0원 |

비고

1. 향후 10년간 인출 없이 연평균 수익률 5% 가정
2. 11년차부터 30년간 매달 86만 원(적립금 1억 원)/ 174만 원(적립금 2억 원)/ 261만 원(적립금 3억 원) 인출
3. 인출 후 남은 적립금 연평균 수익률 5% 가정

위의 표는 현재 퇴직연금 적립액이 각각 1억 원, 2억 원, 3억 원인 사람이 향후 40년간 연평균 5%의 수익률을 올렸을 때를 가정한 것입니다. 지금부터 10년간 인출하지 않고 11년차부터 30년간 매월 인출할 수 있는 금액을 정리했습니다.

적립금이 1억 원이면 10년 후부터 30년간 매월 86만 원을 인출하고도 1,835만 원이 잔액으로 남습니다. 적립금이 2억 원이면 매월 174만 원을 인출하고도 2,075만 원이 남으며, 적립

금액이 3억 원이면 매월 261만 원을 인출하고도 3,113만 원이 남습니다.

10년간 인출 없이 거치만 하는 이유는 현재 50세라고 가정했을 때 10년 뒤에 정년퇴직을 하면서 연금을 수령하는 것으로 계산했기 때문입니다. 이 책을 읽는 독자들은 자신의 연령을 기준으로 은퇴 예정 시점과 은퇴 후에 필요한 생활비를 고려해 기간과 금액을 조정해보기 바랍니다.

표를 이해한 사람들은 은퇴 생활비 준비에 한층 더 자신감을 갖게 될 것입니다. 앞으로 남은 시간동안 연금계좌의 적립금을 늘려 연평균 5%의 수익률만 올리면 은퇴생활이 한결 수월해질 거라는 안도감이 들어서입니다.

물론 연평균 5%는 예금이나 연금보험으로는 절대 달성할 수 없는 수익률입니다. 하지만 IRP 계좌나 연금저축 계좌에서 운용할 수 있는 투자상품으로는 충분히 그 이상을 얻을 수 있습니다. 지금부터라도 퇴직연금이나 연금저축 계좌로 상품에 투자해 꾸준한 수익을 거두기 위한 도전에 나서기 바랍니다. 이는 연금을 수령하고 적립금이 모두 소진될 때까지 계속돼야 합니다.

오 부장의 맞춤 은퇴 과외 3

# 퇴직금은 연금으로,<br>명예퇴직금은 일시금으로 수령하고 싶다면?

명예퇴직을 신청하면 중간정산을 하고 남은 퇴직금에 위로금을 더해 1억 원가량을 받을 것으로 보입니다. IRP 계좌에 모두 넣는 대신 퇴직금 중 6,000만 원을 일반계좌에 넣어 자녀의 대학 학자금으로 쓰고 싶은데 가능한가요?

**1 | 명예퇴직금은 일반계좌로 수령 가능합니다**

55세 이전에 퇴직했다면 근로자퇴직급여보장법상 퇴직금은 오직 IRP 계좌로만 받을 수 있습니다. 이렇게 받은 퇴직금은 55세 이후 연금으로 나눠 받아야 세금 혜택이 커집니다. 55세 이전에 퇴직금을 수령한 IRP 계좌를 해지하면 과세를 이연한 퇴직소득세를 전액 토해

내야 합니다. 물론 55세 이후에 퇴직한다면 일반계좌로 받아 인출할 수 있습니다.

하지만 명예퇴직금은 다릅니다. 일반 은행계좌로 받을 수 있습니다. 퇴직연금 규약에 정한 급여가 아닌 위로금, 장려금으로 생계보장을 위해 지급하는 법정 외 퇴직금이기 때문입니다. 명예퇴직금을 자녀의 학자금으로 사용하고 싶다면 일반 급여계좌로 지급 신청하면 됩니다. 이때 퇴직소득세를 제한 금액이 입금됩니다.

### 2 | 퇴직금은 반드시 새로 만든 IRP 계좌로 받으세요

세액공제를 위해 이미 IRP 계좌를 만들었다고 해도 퇴직금을 받을 IRP 계좌는 반드시 별도로 만들어 퇴직금을 받는 것이 좋습니다. IRP 계좌는 법에서 정한 중도인출 사유가 아니라면 일부 인출이 불가능하므로 돈이 필요하다면 전액 해지해야 하기 때문입니다. 이때 기존의 세액공제 금액까지 토해내야 합니다. IRP 계좌는 금융사별로 하나씩 개설할 수 있습니다.

### 3 | 퇴직금 중간정산 받았다면 퇴직소득 세액정산 특례 요청하세요

퇴직소득세를 산출할 때는 장기근속자의 부담을 덜기 위해 근속연수 공제 및 연분연승법을 적용합니다. 이때 근속연수가 짧을수록 근로자의 퇴직소득세는 증가합니다. 또한 20년을 근무해도 10년차에 퇴직금 중간정산을 받았다면 이후 10년만 근속연수로 계산하기 때문에 퇴직소득세가 증가합니다.

이럴 때 퇴직소득 세액정산 특례를 적용하면 세금을 아낄 수 있습니다. 중간정산 때 받은 퇴직금과 앞으로 지급할 퇴직금을 합산해 퇴직소득세를 산출한 후 여기에서 중간정산 때 납부한 퇴직소득세를 제하는 것입니다. 이때 근속연수는 중간정산 때 지급한 퇴직금에 대한 것과 앞으로 지급할 퇴직금에 대한 것을 합한 다음 중복되는 기간을 제외해 적용합니다.

4장

# 개인연금,
# 없다면 지금이라도 가입해 불려야 한다

## 개인연금, 지금이라도 가입해 불려야 합니다

국민연금이 은퇴생활의 기반이고 퇴직연금이 기둥이라면 개인연금은 지붕입니다. 은퇴 후 삶의 진짜 여유는 개인연금에서 비롯된다고 해도 과언이 아닙니다.

국민연금과 퇴직연금은 납입하는 동안 가입과 수령의 강제성 때문에 불만을 갖는 사람도 많습니다. 강의에서 수강생들에게 "국민연금과 퇴직연금이 강제가 아니라 선택이었다면 가입했을까요?"라고 질문하면 많은 사람들이 가입하지 않았을 거라고 대답합니다. 하지만 연금을 수령할 때가 되면 대부분 이 제도가 있어서 정말 다행이라고 말합니다.

반면 개인연금은 가입, 납입, 수령이 모두 개인의 의지에 달려 있습니다. 강제성이 없기 때문에 국민연금이나 퇴직연금에 비해 가입률이 현저히 낮습니다. 그러다보니 상황이 조금만 어려워져도 은퇴 준비를 위해 가입한 개인연금을 쉽게 해지합니다. 그나마 납입 중 세제혜택을 받은 까닭에 중도해지 시 기타소득세 16.5%를 추징하는 연금저축 계좌나 IRP 계좌의 유지 비율이 다른 개인연금 상품에 비해 높은 편입니다.

국민연금과 퇴직연금만으로는 부족한 은퇴 생활비를 보충하고 여유로운 노후를 보내려면 하루라도 빨리 개인연금에 가입해야 합니다. 연금저축 계좌나 IRP 계좌를 개설해 투자하면 투자 수익은 물론 직장에 다닐 때 세액공제를 받고' 은퇴 후에도 계속 납입하다가 건강보험료를 낮추거나 금융소득종합과세에 해당할 때 빠져나갈 수 있습니다.

## 50대에 연금을 가입한다면 어떤 상품으로?

그렇다면 50세 전후에는 어떤 개인연금에 가입하는 게 가장 유리할까요? 앞에서 퇴직을 앞뒀을 때는 보험회사 연금보험에 가입하지 않는 게 좋다고 말했습니다.

보험회사 연금보험은 수익률이 낮습니다. 다만 강제 저축기능이 있고 비과세에 복리효과도 있어 젊은 세대라면 연봉이 높은 경우 가입해볼 만합니다. 또한 자산가라면 10년 이상 유지하면서 비과세 혜택을 받는 것이 수익률보다 더 나을 수 있어 가입하기도 합니다.

하지만 연금을 받아 은퇴 생활비로 사용해야 하는 50대에게 보험회사 연금보험은 적절하지 않습니다. 높은 사업비 때문에 현재 공시이율로 최소 8년~9년은 지나야 원금을 회복하기 때문입니다. 지금의 젊은 세대가 60세나 65세에 연금을 수령하는 것과 같은 효과를 얻으려면 80세나 돼서 연금을 수령해야 할 것입니다. 물론 이미 가입한 연금보험이 있다면 잘 유지해 은퇴 생활비로 사용하면 됩니다.

현재 은퇴 후 수령할 연금이 부족해 개인연금에 새로 가입하려 한다면 세제혜택도 챙기면서 나중에 연금다운 연금을 수령할 수 있는 상품을 골라야 합니다. 이 목적에 맞는 1순위 상품이 연금저축과 IRP 계좌입니다. 이제부터 연금저축과 IRP 계좌를 제대로 활용하는 방법을 알아보겠습니다.

## 노후를 위한 필수 가입 상품, 연금저축

50세 전후의 사람들과 상담을 하거나 은퇴 재무설계를 강의할 때면 은퇴 생활비 마련을 위한 연금상품에 관해 이야기합니다. 그중에서도 1순위는 연금저축펀드 계좌와 IRP 계좌입니다(연금저축펀드는 연금상품의 하나인데 펀드 상품으로 혼동하는 경우가 있어 이하 '연금저축'으로 표기하겠습니다).

연금저축은 가입자의 노후 현금흐름을 만들어주고 노년 생활을 안정시킬 목적으로 정부가 만든 금융상품입니다. 나라에서 만든 만큼 엄청난 세금 혜택이 주어집니다. 연금저축 계좌에서는 다양한 국내상장 ETF와 펀드 등의 금융상품을 담아 세제 혜택을 받으며 불릴 수 있고, 은퇴 이후(55세 이후, 5년 이상 가입) 연금으로 수령할 때 낮은 세율의 연금소득세 3.3~5.5%만 내면 됩니다. 대한민국 금융상품 중 유일무이한 세제혜택을 제공합니다.

세액공제 외에 비용이나 수익률 면에서도 연금보험에 비해 장점이 많습니다. 지금부터 연금저축 계좌와 IRP 계좌가 은퇴 생활비 마련에 중요한 이유를 살펴보겠습니다.

## 연금저축 장점 1. 전무후무한 세액공제 혜택

연금저축 계좌를 개설해 1년에 600만 원까지 돈을 납입하면 입금액의 13.2~16.5%까지 세금을 환급받을 수 있습니다. 만약 세액공제 한도인 600만 원을 꽉 채워 입금했다면 다음 해 연말정산으로 내야 할 세금 중 79만 2천 원~99만 원까지 돌려받게 됩니다. 이자가 13.2~16.5%인 1년 정기예금인 셈입니다.

이렇게 모은 돈을 훗날 연금으로 수령하면 나이에 따라 3.3~5.5%의 연금소득세를 적용합니다. 일반 금융상품의 수익에 15.4%의 세금을 부과하는 것과 비교하면 세금혜택이 상당합니다.

50세 전후는 직장에서 받는 월급이 정점에 이르는 시기입니다. 그만큼 세금도 많이 내는데 세금을 줄이면서 은퇴 생활비를 마련하는 데 IRP 계좌나 연금저축 계좌만한 연금상품이 없습니다. 연금저축은 55세가 넘어도 계좌 개설이 가능하며 증권사와 보험사에서 가입이 가능하지만 개인이 세제혜택을 받으며 자유롭게 운용할 수 있는 증권사(연금저축펀드) 상품을 권합니다.

현재 많은 사람들이 연금저축에서 투자하는 대표적인 상품은 ETF입니다. ETF는 수수료가 매우 저렴해 장기투자에 유리합니다. 또 삼성전자나 카카오 등 개별주식을 고르는 수고와 위험 대신 코스피나 S&P 500, 나스닥 100, 2차전지, 반도체 등 전체 지수나 섹터에 투자가 가능합니다. 개별주식처럼 쉽게 거래할 수 있고  금액도 만 원대로 매우 저렴해 소액 투자가 가능합니다. TDF펀드(투자자의 은퇴시점Target Date에 맞추어 위험자산과 안전자산의 투자비중을 자동으로 조정하는 펀드) 등의 상품도 인기입니다.

보험사에서 판매하는 연금저축보험도 세액공제를 받을 수 있지만 연금보험과 마찬가지로 사업비가 커 현재 이율 기준 7년~8년은 지나야 원금에 다다릅니다. 따라서 50대의 연금저축 보험 가입은 불리합니다.

### 세금도 많이 내는 4050 세대, 세금 줄이는 법

40대~50대는 수입에 대한 세금공제를 많이 받지만 결정세액이 많습니다. 하지만 이들은 연말정산 결과에만 관심이 있을 뿐 결정세액을 확인하고 세금을 줄이는 것은 미처 신경 쓰지 못합니다. 따라서 저는 재무상담을 할 때 반드시 상담자의 원천징수영수증을 확인합니다.

얼마 전 40대 후반의 김중민 씨가 재무설계 상담을 받으러 왔습니다. 내담 전에 원천징수영수증을 지참할 것을 요구했기에 연말정산 환급금과 결정세액을 확인할 수 있었습니다. 김중민 씨는 217만 원을 환급받았고 결정세액은 2,125만 원이었습니다. 그에게 필요한 것은 217만 원의 환급 외에도 2,125만 원이나 되는 결정세액을 줄이는 것입니다.

연말정산 환급금은 회사가 매달 월급에서 세금을 더 많이 떼어 놓았기 때문에 각종 공제를 확인한 후 돌려주는 것입니다. 이는 적극적인 절세는 아닙니다. 제대로 절세하려면 결정세액 2,125만 원을 줄여야 합니다. 이 사실을 깨달은 김중민 씨는 상담 후 IRP 계좌를 개설해 세액공제 최대한도인 연간 900만 원을 납입하기로 했습니다. 연금저축은 최대 600만 원까지만 세액공제를 받을 수 있기 때문에 IRP 계좌도 개설한 것입니다.

**연금저축과 IRP의 납입 한도액과 세액공제율**

| | 연간 총 급여액(세전) | |
|---|---|---|
| | 5,500만 원 이하 | 5,500만 원 초과 |
| 연금저축 세액공제 한도액 | 600만 원 | |
| IRP 세액공제 한도액 (연금저축과 합산 시) | 900만 원 (연금저축 600만 원 입금 시 300만 원) | |
| 세액공제율 | 16.5% | 13.2% |
| 연금저축과 IRP에 최대공제한도 900만 원을 입금했을 때 환급 세액 | 148만 5,000원 | 118만 8,000원 |

2023년 세법개정안 반영

IRP 계좌와 연금저축 계좌의 최대 장점은 세액공제입니다. 연봉이 5,500만 원을 초과하면 납입금액의 13.2%를, 그 이하면 16.5%를 세액공제 받을 수 있습니다. 연금저축 계좌와 IRP 계좌를 합해 최대 900만 원까지 세액공제가 가능합니다.

김중민 씨는 연금저축 계좌와 IRP 계좌에 세액공제 한도액인 연간 900만 원을 납입하기로 했습니다. 내년에 직전해 소득분에 대한 연말정산을 하면 연봉 5,500만 원 초과자에 해당하는

118만 8,000원을 추가로 환급받을 수 있습니다.

참고로 2023년도부터 연금저축 계좌와 IRP 계좌를 합산한 세액공제 한도가 연금저축 600만 원을 포함한 900만 원으로 확대됐습니다. 과거에는 연금계좌의 종류와 소득, 나이에 따라 세액공제 한도를 다르게 적용했지만 달라진 세제개편안으로 차이를 두지 않게 되었습니다.

### 연금저축 장점 2. 장기 투자에 유리한 낮은 비용

연금상품은 가입기간이 길기 때문에 수익률 못지않게 적은 비용도 중요합니다. 보험회사에서 판매하는 연금보험의 사업비는 매월 납입하는 보험료의 12% 내외입니다.

즉, 연금보험에 가입해 매월 50만 원을 납입하면 12%인 6만 원을 사업비로 먼저 제하고 나머지 44만 원만 적립됩니다. 현재 이율로 8년~9년은 지나야 비로소 원금이 보장됩니다. 이 외에도 계약관리 수수료와 보증비용 등을 추가로 부담해야 합니다. 투자형 연금인 변액연금도 비슷합니다.

반면 연금저축 계좌와 IRP 계좌는 상대적으로 비용이 적습니다. 계좌 안에서 운용할 때 수수료 비중이 가장 높은 편에 드는 주식형 펀드 상품의 수수료와 보수가 연간 2.5% 내외입니다. 50만 원을 납입하면 이런 비용 1만 2,500원을 제하고 48만 7,500원을 적립해 투자하므로 비용 면에서도 연금보험보다 연금저축과 IRP가 훨씬 유리합니다.

연금저축 계좌는 계좌관리 수수료가 없지만 IRP 계좌는 0.4% 내외의 계좌관리 수수료를 부담해야 합니다(130쪽 참조). 최근 증권사 비대면 계좌에는 계좌관리 수수료를 부과하지 않는 추세입니다. 따라서 비용 부담을 원하지 않으면 계좌관리 수수료를 부과하지 않는 계좌를 이용하면 됩니다.

## 연금저축 장점 3. 분산투자로 수익률을 높일 수 있다

연금저축 계좌나 IRP 계좌는 과일 바구니로 이해하면 됩니다. 바구니 안에 사과, 배, 복숭아, 파인애플 등을 모두 담듯이 이 계좌들에는 원금보장 상품, 펀드, ELS, ETE, 리츠 등을 담아 투자해 수익률을 높일 수 있습니다. 연금저축 계좌와 IRP 계좌에 담을 수 있는 상품은 약간 차이가 있는데 이 부분은 179쪽 '연금저축과 IRP 중 어디에 넣을까?'에서 자세히 설명하겠습니다.

강의나 상담을 하다 보면 종종 주식 같은 곳에 투자하면 원금이 손실될까 두려워 연금보험에 가입했다는 이야기를 듣습니다. 이럴 때 연금보험은 가입 후 8년~9년까지는 손실 상태라고 말하면 의아해합니다. 사업비 등의 이유로 가입하고 8년~9년이 지나야 원금이 보장되는데, 이는 그 전까지는 손해를 보면서 보험을 유지한다는 뜻입니다. 실제로 해지 환급금을 기준으로 보면 가입 초기에는 손실률이 매우 높으며 가입 후 9년 정도가 돼야 원금이 됩니다.

반면 연금저축 계좌나 IRP 계좌에 투자상품을 담으면 장기 투자의 힘을 빌려 리스크가 큰 주식도 안정적인 수익을 올릴 수 있습니다(미국 S&P 500 같은 지수 추종 ETF 추천). 게다가 안전상품과 위험상품으로 나눠 다양한 상품에 적절히 분산투자하면 손실 위험도 많이 줄일 수 있습니다. 이렇게 분산투자로 위험을 관리하면서 장기 투자하면 연평균 5% 수익률을 내는 것은 그리 어렵지 않습니다.

## 20년 넣은 연금보험 수익률 2%, 어떡하죠?

과거 연금은 금융회사에서 판매하는 펀드나 신탁, 보험 같은 상품에 가입한 후 매달 돈을 넣는 형식이었습니다. 하지만 2013년 3월 이후부터 많은 직장인들이 연금계좌 안에 다양한 상품을 담아 운용하면서 적립할 수 있는 연금저축 계좌에 가입해 투자하고 있습니다.

연금저축 계좌에서는 본인의 위험 감수 정도에 따라 펀드나 ELS, ETF 등 다양한 투자상품을 선택해 운용할 수 있습니다. 이런 변화를 알게된 후 예전에 가입한 연금저축 상품에 불만이 있는 가입자들이 기존 연금상품을 어떻게 해야 할지 몰라 답답

해하는 경우가 많습니다.

## 연금저축 계좌 이동제도 활용하기

지난봄 안성의 한 기업에서 정년퇴직을 5년 앞둔 직원들을 대상으로 은퇴 재무설계 강의를 진행했습니다. 이곳에서 만난 민수희 씨도 비슷한 불만을 가지고 있었습니다. 강의 내용 중 연금저축 이동제도에 관한 설명이 있었는데 민수희 씨는 강의가 끝난 뒤에도 질문을 하려고 남아 있었습니다.

사연을 들어보니 지인을 통해 가입한 지 8년쯤 된 연금저축보험이 있는데 이제야 원금 정도가 된 것 같다면서 수익률에 불만이 많았습니다. 재작년에 해지하려고 보험회사 콜센터에 전화했더니 중도에 해지하면 원금도 안 되는 데다 해지환급금에 16.5%의 기타소득세까지 뗀다는 설명을 들었습니다. 그는 화가 났지만 해지하지는 않았다고 합니다. 해지해서 큰 손해를 보는 것 말고는 다른 방법이 없어 계속 납입하고 있었는데 강의를 들으니 이동하면 그런 손해를 보지 않아도 될 것 같다며 방법을 알려달라고 했습니다.

저는 민수희 씨에게 거래하는 증권회사에 방문해 새로운 연금저축펀드 계좌를 개설하고 이동 신청을 요청하면 증권회사 직원이 알아서 잘 옮겨줄 테니 연금저축보험 해지환급금이 이체된 후에 원하는 상품을 골라 투자하면 된다고 이야기했습니다. 그는 그렇게 간단하냐며 깜짝 놀랐습니다.

연금저축 상품은 중도에 해지하면 해지환급금의 16.5%를 기타소득세로 추징합니다. 이익을 보든 손실을 보든 상관없습니다. 그러다보니 가입한 상품이 마음에 안 들어도 해지하지 못하고 울며 겨자 먹기로 계속 끌고 갑니다. 이럴 때 활용할 수 있는 방법이 연금저축 이동제도입니다. 이동은 해지가 아니므로 16.5%의 기타소득세를 추징하지 않으며 현재 평가액 기준으로 신규 연금저축 계좌로 이동합니다.

계좌이동 방식은 간단합니다. 민수희 씨처럼 금융회사를 방문해 신규 연금저축 계좌를 개설하면서 이동 요청만 하면 됩니다. 금융회사 직원이 기존 연금저축 상품의 금융회사에 연락해 신규 계좌로 적립금을 이체 받도록 처리해줍니다.

그동안 적립한 목돈을 이동한 뒤 투자상품을 선택할 때는 신중해야 합니다. 매월 납입하는 금액은 펀드나 ETF 등에 투자해 공격적으로 운용해도 됩니다. 지금같이 주식시장이 폭락한 시점에는 주식형 상품에 넣어도 상관없지만 주식시장이 고점일

연금저축 계좌 이동 절차

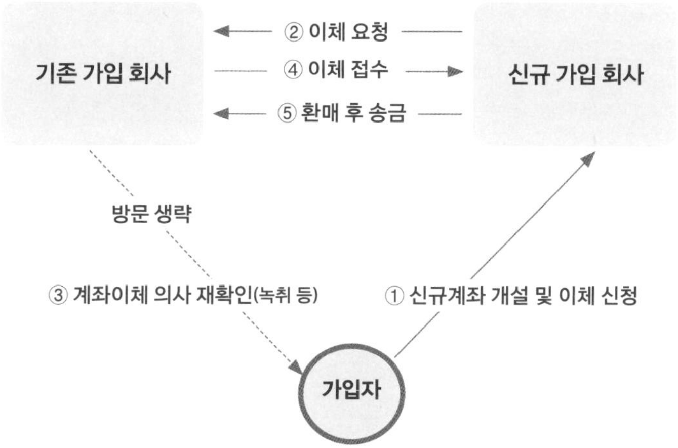


출처: 금융감독원

때 한 번에 주식형 상품에 넣으면 손실 위험이 커지므로 그때는 분할 매수로 리스크를 줄여야 합니다.

## 연금저축과 IRP 중 어디에 넣을까?

연금저축 계좌와 IRP 계좌는 비슷한 듯 다르므로 투자성향에 따라 본인에게 맞는 계좌로 이동해서 활용할 수 있습니다. 연금

## 비슷하지만 조금씩 다른 연금저축과 IRP 비교

| 구분 | | 연금저축 | IRP |
|---|---|---|---|
| 공통점 | 세액공제율 | 13.2~16.5% | |
| | 연금 수령 시 떼는 세금 | 연금소득세 3.3~5.5% | |
| | 연금 수령 | 만 55세 이상, 최소 5년 이상 보유 | |
| | 중도해지 시 | 16.5% 기타소득세 발생 | |
| 차이점 | 가입자격 | 누구나 가능 | 근로소득자나 자영업자 등 소득이 있는 사람 |
| | 세액공제 한도 | 600만 원 | 900만 원<br>(연금저축 600만 원 입금 시 300만 원) |
| | 상품 운용 | **투자 가능 상품** ETF, 펀드, ELS, 선물파생형 ETF, 리츠<br>**투자 불가 상품** 레버리지, 인버스, 상장인프라펀드 | **투자 가능 상품** 예금, ETF, 펀드, ELS, 리츠<br>**투자 불가 상품** 레버리지, 인버스, 선물파생형 상품 |
| | 투자 제한 | 위험자산 100% 투자 가능 | 위험자산 70%,<br>안전자산(예금 · 적금 등) 30% 필수 |
| | 계좌 수수료 | 없음<br>(개별 상품 수수료만 존재) | 계좌 수수료 있음<br>(0.0~0.6% 수준) |
| | 담보 대출 | 가능 | 불가능 |
| | 감독기관·법령 | 금융위원회,<br>자본시장과 금융투자업에 관한 법률 | 고용노동부,<br>근로자퇴직급여보장법 |

저축 상품 간 이동에는 별다른 제약이 없지만 연금저축 상품을 IRP 계좌로 이동할 때는 소득세법상 제약이 있습니다. 만 55세 이상, 가입기간 5년 이상, 전액 이동입니다. 단 이동하려는 IRP 계좌 내에 퇴직급여가 있으면 가입일로부터 5년이 지나지 않아도 이동할 수 있습니다.

이동 조건을 충족하는 연금저축 상품을 연금저축 계좌나 IRP 계좌로 이동할 때 주의할 점이 있습니다. 연금저축 계좌와 IRP 계좌는 가입자격, 투자할 수 있는 상품이나 수수료 등이 다릅니다. 그러므로 옆의 표를 참고해 차이를 비교해본 후 본인의 투자 성향과 잘 맞는 계좌로 이동하는 것이 유리합니다.

연금저축 계좌는 소득의 유무와 관계없이 누구나 가입이 가능하지만 IRP 계좌는 직장인이나 자영업자 등 소득이 있어야만 가입할 수 있습니다.

투자할 수 있는 금융상품에도 차이가 있습니다. 펀드와 ETF는 연금저축 계좌와 IRP 계좌에서 모두 투자가 가능합니다. ETF 중에 'KODEX WTI원유선물(H)'과 같은 현물이 아닌 선물파생형 ETF는 IRP 계좌에서는 투자할 수 없으며 연금저축 계좌에서만 가능합니다. 반면 예금이나 ELB(주가연계파생결합사채) 등 원리금 보장 상품이나 인컴형 자산인 상장인프라펀드는 연금저축 계좌에서 투자할 수 없으며 IRP 계좌에서만 가능합니다.

위험자산 투자한도에도 차이가 있습니다. 연금저축 계좌는 위험자산에 100% 투자할 수 있는 반면 IRP 계좌는 70%까지만 가능합니다. 따라서 공격적인 투자자는 연금저축 계좌로 운용하는 게 유리하고 보수적인 투자자는 IRP 계좌로 운용하는 게 투자성향에 맞을 수 있습니다. 두 개의 계좌를 모두 보유하면서 투자상품에 따라 적절하게 분산해서 사용해도 좋습니다.

마지막으로 연금저축 계좌는 수시로 중도인출이 가능하지만 IRP 계좌는 법정사유가 아니면 중도인출이 불가합니다. 연금저축 계좌로 이동해 중도인출하는 방법도 있지만 소득세법상 이동 조건을 충족했을 때만 가능합니다.

그럼에도 꼭 중도인출을 해야 한다면 계좌를 해지해야 하는데 이때 16.5%를 추징합니다. 세액공제를 받은 금액보다 더 큰 손해를 입게 되므로 이런 측면에서는 IRP가 연금저축에 비해 상대적으로 유연성이 떨어집니다.

## 세금 줄이는 절세 계좌 활용법

이자나 배당수입 같은 금융소득이 한해 1인당 2,000만 원에서 1원이라도 초과하면 금융소득종합과세 대상자가 됩니다. 이때는 초과 금액에 대해 다른 소득과 합산해 6.6~49.5%의 세금을 부과합니다. 세율도 높을뿐더러 ISA에 가입이 안 되는 등 다른 불이익이 있으므로 금융소득이 많다면 반드시 관리해야 합니다.

이처럼 금융소득이 많은 경우에도 연금저축 계좌나 IRP 계좌, ISA계좌가 필요합니다. 연금계좌의 과세이연 효과를 활용하면 금융소득과 건강보험료를 크게 줄일 수 있습니다.

## 수익과 손실을 한데 모아 통쳐서 과세하는 ISA

ISA는 한 계좌 안에서 예금·적금, 펀드, ETF, 주식, 파생결합증권 등 다양한 금융상품을 관리하면서 절세 혜택도 누리는 종합계좌입니다. ISA로 투자하는 동안에는 세금 부과가 연기되다가 계좌 만기 시점(의무가입기간 3년)에 한꺼번에 최종적인 세금을 정산하게 됩니다.

가령 일반 주식계좌에서 1,000만 원 이익이 났고 펀드에서 500만 원 손실을 봤다면 154만 원의 세금을 내야 합니다(수익 1,000만 원에 세율 15.4% 적용). 하지만 ISA에서 투자한 경우 내야 하는 세금은 29.7만 원[(1,000만 원－500만 원－비과세 200만 원)×9.9%]에 불과합니다.

| ISA 유형 | 일반형 | 서민형 |
|---|---|---|
| 가입요건 | 만 19세 이상 또는<br>직전연도 근로소득이 있는<br>만 15세~19세 미만<br>대한민국 거주자 | 직전연도 총급여 5천만 원<br>또는 종합소득<br>3천 8백만 원 이하 |
| 비과세 한도 | 200만 원 | 400만 원 |
| 비과세 한도 초과시 | 9.9% 저율 분리과세 적용 | |
| 의무가입기간 | 3년 | |
| 납입한도 | 연간 2천만원, 최대 1억원<br>당해년도 미불입 납입한도는 다음해로 이월 가능 | |

## 공무원 부부의 ISA와 연금저축으로 절세하기

50대 중반의 직장인 조민수 씨도 금융소득종합과세 때문에 고민이 많았습니다. 그동안 공무원 아내와 맞벌이를 하며 착실하게 돈을 모았고 재테크로 금융자산도 상당히 늘었습니다.

그는 4년 전에 금융소득종합과세 대상자에 해당돼 세금을 많이 낸 후로 아내와 금융자산을 분리해 관리했고 그 이후에는 대상자에서 빠졌습니다. 하지만 내년에는 부부가 모두 금융소득종합과세 대상자가 될 것 같다며 어떻게 관리하면 좋을지 조언을 구했습니다. 결론적으로 부부가 각각 ISA에 가입해 연간 2,000만 원씩 납입하고 현재 900만 원씩 납입하고 있는 연금계좌는 1,800만 원 한도를 다 채우기로 했습니다.

ISA는 만기 후 수익 중 200만 원은 비과세를 적용받고 나머지 수익은 9.9%로 분리과세되어 금융소득종합과세 대상 소득에서 제외됩니다. 연금계좌에 넣은 추가 납입금 1,100만 원에 대해서도 과세가 이연되므로 금융소득종합과세 대상에서 제외됩니다.

연금저축 계좌에 넣어 세액공제를 받지 않은 원금은 언제든지 과세 없이 중도 인출할 수 있고 운용수익은 연금으로 수령하면 연령별로 3.3~5.5%의 연금소득세만 납부하면 됩니다. 이렇게 포트폴리오를 조정한 덕분에 조민수 씨는 당분간 금융소득종합과세에 대해 걱정하지 않게 됐습니다.

## 금융자산이 많을수록 연금계좌 활용 필수

사람들은 연금저축이나 IRP 같은 연금계좌에 대해 세액공제만 신경 씁니다. 그러다보니 세액공제 한도 내에서만 납입이 가능한 것으로 아는 사람도 많습니다. 게다가 은퇴 후에 세액공제를 받을 소득이 없으면 더 이상 납입하지 않는 걸 당연하게 생각하기도 합니다.

하지만 금융자산이 많을 경우 연금계좌를 합산해 1,800만 원의 납입한도를 채우면 조민수 씨처럼 절세도 가능합니다(1,800만 원은 IRP와 연금저축을 합친 최대 납입가능액, 세액공제 최대한도는 900만 원). 경우에 따라서는 현재 납입하고 있는 근로소득 외에 합산 소득이 2,000만 원을 초과할 때 연금계좌를 활용하면 소득에 부과하는 건강보험료를 줄일 수 있고, 퇴직 후에 지역가입자로 전환돼도 건강보험료 부담을 덜 수 있습니다.

왜냐하면 현재 지역가입자 건강보험료 산정 기준은 공적연금

### 연금 수령 시 연금계좌 자금 인출 순서

| 인출 순서 | 구분 | 연금 수령 | 연금 외 수령(일시금) |
|---|---|---|---|
| 1번 | 세액공제 받지 않은 납입금 | 과세 제외 | |
| 2번 | 퇴직소득<br>(퇴직금, DB, DC) | 연금소득세<br>(퇴직소득세×70%)<br>※연금 실수령 연차 11년 차부터는 60% 적용 | 퇴직소득세<br>100% |
| 3번 | 세액공제 받은 개인 납입금 | 연금소득세(3.3~5.5%)<br>※연금수령액이<br>연 1,200만 원 초과 시<br>수령액 전체에 종합과세<br>또는<br>16.5% 분리과세 중 택일 | 기타소득세<br>16.5% |
| 4번 | 운용수익 | | |

에만 부과 대상이며 연금저축이나 IRP는 해당되지 않기 때문입니다. 연금 수령을 개시한 계좌로는 더 이상 납입할 수 없지만 다른 연금계좌를 만들어 계속 납입할 수 있습니다.

연금계좌는 세제혜택을 받기 때문에 자금 원천에 따라 연금이나 일시금을 수령할 때 부과되는 세금이 다양합니다. 같은 돈이지만 종류가 다릅니다. 먼저 연금계좌의 인출 순서를 보면 적립금 원천별로 세액공제를 받지 않은 개인 납입금이 가장 먼저 인출되고 그다음 퇴직소득, 세액공제 받은 개인 납입금, 운용수익 순으로 인출됩니다(앞 장 표 참고). 즉, 세제혜택을 받지 않은 돈이나 혜택을 적게 받은 순서대로 출금됩니다. 세액공제를 받지 않은 납입금은 연금으로 수령하든 일시금으로 수령하든 과세하지 않습니다.

퇴직소득은 연금으로 수령하면 10년차까지는 퇴직소득세의 30%를, 11년차부터는 40%를 감면해줍니다. 연금 외(일시금)로 수령하면 퇴직소득세를 100% 납부해야 합니다. 세액공제 받은 개인 납입금과 운용수익은 연금으로 수령할 때 연령별로 3.3~5.5%의 연금소득세를 납부합니다. 연금 외(일시금)로 수령하면 기타소득세 16.5%를 납부해야 합니다.

## 연금소득 알림 서비스 꼭 신청해야 하는 이유

보통 금융회사에는 연금 수령을 신청하거나 사적연금의 수령이 개시될 때 가입자에게 알려주는 알림 서비스가 있습니다. 이를 확인해서 반드시 신청해야 합니다.

연금을 오랫동안 수령하다 보면 어떤 연금이 사적연금 대상이 될지 알기 어렵기 때문입니다. 사적연금 수령액이 종합과세

**사적연금 1,500만 원 초과 시 연금별 종합과세 적용 기준**

| 연금 종류 | | 종합과세 적용 대상 | 비고 |
|---|---|---|---|
| 국민연금, 공무원연금, 사학연금, 군인연금 | | X | |
| 퇴직연금 | 퇴직연금 | X | 운용수익 포함 |
| | 본인 추가 납입액 | O | 소득/세액공제를 받은 금액과 운용수익에 과세 |
| 개인연금 | 연금저축 | O | |
| | IRP | O | |
| | 연금보험(비적격) | X | |

에 해당되지 않을 정도로 적다면 무시해도 되지만 연금을 수령하면서 꾸준히 운용을 잘하면 운용수익이 커질 수 있습니다.

사적연금 수령액이 연간 1,500만 원을 초과하면 종합과세 또는 16.5% 분리과세 대상이 됩니다. 따라서 수령액을 확인해야 쓸데없이 세금을 많이 납부하지 않을 수 있습니다.

사적연금 수령액이 연간 1,500만 원을 초과했을 때 종합과세나 16.5%의 분리과세를 적용한다면 퇴직급여를 연금이 아닌 일시금으로 받는 게 나을까요? 결론부터 이야기하면 퇴직급여를 연금으로 수령하는 것은 사적연금 수령액에 해당되지 않습니다(앞 장의 표 참조). 또 세액공제 받은 개인 납입금과 운용수익을 연금 외(일시금)로 수령하면 16.5%의 기타소득세를 납부해야 해서 손해를 봅니다.

공적연금과 사적연금은 각각 분리해서 과세합니다. 퇴직연금은 회사 부담액은 과세 대상이 아니지만 근로자가 추가로 납입해 세액공제를 받은 납입금은 과세 대상입니다. 연금저축 계좌나 IRP 계좌(퇴직급여가 아니라 본인 납입금)는 사적연금 연간 수령액 1,500만 원 한도에 포함됩니다. 1994년 6월부터 2000년 12월까지 가입한 (구)개인연금저축은 해당되지 않습니다. 세액공제를 받지 못하지만 10년 이상 유지하면 비과세 혜택을 받으면서 연금으로 수령할 때도 과세되지 않는 비적격 연금보험도 포함되지 않습니다.

그래서 사적연금 수령 시작을 알려주는 알림서비스를 통해 사적연금 수령액이 연 1,500만 원을 초과할 것 같으면 그 이하로 인출하는 연금 수령방법을 선택하거나 기간을 늘리는 방식으로 관리할 수 있습니다. 종합과세는 다른 소득이 있을 경우 대부분의 납세자에게는 불리하지만 경우에 따라 사적연금 소득만 있을 경우에는 유리할 수도 있습니다. 때문에 어떤 선택이 유리할지 미리 계산해보길 바랍니다.

## 보험회사의 연금을 가입했다면

연금이 필요해 보험회사에서 판매하는 연금을 가입했지만 세액공제를 받을 수 있는지 아니면 비과세 혜택을 받을 수 있는지 잘 모르는 경우가 많습니다. 얼마 전 은퇴 생활비 마련을 위해 상담을 받으러 왔던 40대 후반의 직장인 오수영 씨도 마찬가지였습니다.

그는 2개월 전 은퇴 준비를 하면서 연말정산에서 세제혜택을 받기 위해 삼성생명의 공시이율로 운용되는 연금보험에 가입했습니다. 보험증서를 확인해보니 매년 세액공제를 받지 못하는 상품이었습니다. 대신 10년 이상 유지하면 비과세 혜택을 받을 수 있고 연금을 받을 때 연금소득세를 내지 않아도 됐습니다. 이 내용을 오수영 씨에게 설명하니 연말정산 때 세액공제를 받지 못한다는 점에 크게 실망했습니다. 그는 이미 한 달 치 보험료를 납입했지만 해지하고 다시 가입하겠다고 했습니다.

오수영 씨는 연금보험에 가입한 지 한 달밖에 되지 않아 손해를 감수하고 본인이 원하는 상품에 다시 가입할 수 있었지만 이미 여러 번 보험료를 납입한 경우에는 오수영 씨 같은 결정이 어렵습니다. 그러므로 보험에 가입하기 전에 자신의 목적에 맞는 상품인지 반드시 확인해야 합니다. 지금부터 보험회사의 주요 연금보험 상품을 비교해보겠습니다.

## 세액공제 받는 세제 적격 연금보험의 특징

보험회사 연금보험은 세제 적격과 비적격으로 나뉩니다. 세제 적격 연금보험인 연금저축보험은 세액공제를 받는 대신 55세 이후에 연금을 수령할 때 연금소득세를 납부해야 합니다.

10년, 20년 등 연금 수령 확정기간형을 선택하면 70세 미만은 5.5%, 70세 이상~80세 미만은 4.4%, 80세 이상은 3.3%의 연금소득세를 납부합니다. 종신형 연금수령을 선택하면 80세

**주요 연금보험 비교**

| 구분/상품 | 연금저축보험 (세제 적격) | 일반연금보험 (세제 비적격) | 변액연금보험 (세제 비적격) |
|---|---|---|---|
| 세금 혜택 | 세액공제 | 비과세 | 비과세 |
| 절세 기준 | 55세 연금 수령 시 | 10년 유지 시 | 10년 유지 시 |
| 중도해지 시 | 16.5% 기타소득세 | 10년 미만 15.4%<br>10년 이상 비과세 | 10년 미만 15.4%<br>10년 이상 비과세 |
| 연금 지급시기 | 55세 이후 | 45세 이후 및<br>납입기간 만료일로부터<br>5년 경과 후 | 45세 이후 및<br>납입기간 만료일로부터<br>5년 경과 후 |
| 연금 수령기간 | 기간 확정형 또는 종신형 | | |
| 적립금 운용 | 공시이율 | 공시이율 | 펀드 투자 |

미만은 4.4%, 80세 이상은 3.3%를 연금소득세로 납부합니다.

연금으로 수령하지 않고 중도에 해지하면 원금과 이자를 더해 기타소득세 16.5%를 추징당합니다. 일부 중도 인출은 부득이한 사유에 해당할 때만 인정되는데 이때는 연금소득세를 납부하면 됩니다.

부득이한 사유로는 천재지변, 가입자의 사망, 가입자의 해외이주, 가입자 또는 부양가족의 질병 및 부상에 따른 3개월 이상의 요양이 필요할 때, 가입자의 파산선고 또는 개인회생절차 개시 결정, 금융회사의 영업정지, 인허가 취소, 해산 결의, 파산선고만 해당됩니다. 이 사유가 아니라면 무조건 16.5%의 기타소득세를 추징합니다.

적립금은 공시이율(정기예금 이율과 비슷한 것)로 운용되며 연금 수령방식은 10년 이상의 확정기간이나 종신형으로 선택할 수 있습니다. 단 2013년 3월 이전에 가입한 연금저축은 5년 이상의 확정기간으로도 선택할 수 있습니다.

### 세제 비적격 연금보험, 연금 수령 시 비과세

세제 비적격 연금에는 공시이율로 운용되는 일반연금보험과 투자형 연금인 변액연금보험이 있습니다. 두 상품 모두 10년 이상 유지하면 중도에 해지해도 비과세 혜택을 받고 연금을 수령할 때도 비과세라 연금소득세를 납부하지 않습니다. 10년 이내에 중도해지하면 15.4%의 이자소득세를 내야 합니다. 현재 이율로는 가입한 지 8년~9년이 지나야 원금이 회복되기 때문에 실제로 부과되는 세금은 크지 않습니다.

연금저축과 달리 중도 인출이 자유로운데 적립금의 50% 정도를 받을 수 있습니다. 가입한 상품마다 차이가 있으니 이 부분은 약관을 살펴보거나 보험회사에 확인해보는 것이 좋습니다.

연금보험의 연금 수령은 납입기간이 끝난 후 5년이 경과한 시점부터(45세 이상) 가능합니다(D+5). 예를 들어 30세에 15년 납입 조건으로 가입했다면 50세부터 연금 수령이 가능합니다. 적립금 운용은 일반연금보험은 공시이율로, 변액연금은 펀드에 투자해 운용합니다. 연금 수령방법은 확정기간형이나 종신형 등 다양하므로 본인의 상황에 맞게 적절한 방식을 선택하면 됩니다.

그 외에 연금과 유사한 상품인 유니버셜보험이나 변액유니버셜보험 등도 있는데 이런 상품은 연금보험이라기보다 연금으로 전환할 수 있는 기능을 가진 상품으로 이해하면 됩니다.

간혹 최저보증이율이나 높은 확정이율을 보장하는 상품을 유지 중인 사람들을 만납니다. 2001년 이전에 가입한 (구)개인연금저축이나 삼성생명의 장수축하연금처럼 예정이율이 높아 납입금에 비해 많은 연금을 받을 수 있는 상품입니다. 이는 보험회사가 고금리 시절에 판매해 역마진을 걱정하는 가성비 좋은 연금상품이니 잘 유지한 후 꼭 연금으로 수령하기 바랍니다.

상담이나 강의를 하다보면 매번 종신보험을 연금으로 알고 가입한 사람들을 만납니다. 종신보험은 연금이 아닙니다. 그러므로 연금이 목적이라면 추가 납입으로 수익률을 높이고 나중에 연금으로 전환해 많은 연금을 받을 수 있다는 감언이설에 넘어가 가입해서는 안 됩니다. 종신보험은 사업비가 연금보험의 몇 배나 되기 때문에 절대로 수익률이 높을 수 없습니다.

## 연금보험 '종신형 10년 보증' 무슨 뜻이지?

연금보험은 가입할 때 연금 수령시기와 방법 등을 정하게 돼 있습니다. 강의나 상담을 하다보면 무조건 가입할 때 정한 방법을 따라야 한다고 알고 있는 사람이 많습니다. 하지만 언제든지 그 내용을 변경할 수 있습니다.

또한 가입할 때 정한 연금 수령시기가 다가오면 보험회사는 가입자가 다시 연금 수령시기나 방법을 선택할 수 있도록 안내문을 발송합니다. 문제는 안내문을 보고도 어떤 방식으로 연금을 수령하는 것이 유리한지 잘 모른다는 것입니다.

저는 '연금 지급방식, 순간의 선택이 30년을 좌우한다'라는 영상을 제가 운영하는 유튜브 채널 〈이천희망TV〉에 업로드했습니다. 오랜 고객이 보험회사로부터 연금 수령방법에 대한 안내문을 받고 어떤 유형을 선택할지 몰라 조언을 구한 내용으로 영상을 만들었습니다.

유튜브 '이천희망TV'
'연금 지급방식, 순간의 선택이 30년을 좌우한다' 보기

보험사가 보낸 안내문은 연금 수령방법으로 기간 확정형, 기간 보증형 등 10개의 지급 유형과 연간 및 월간 연금액을 예시로 들고 있었습니다. 그중 자신에게 가장 좋은 유형을 선택하라는 내용이었습니다.

저는 각각의 유형을 선택했을 때 기간별로 누적 수령연금액을 비교한 후, 조언을 구한 고객에게 기본형인 '종신형 10년 보증' 유형을 선택하는 게 가장 유리하다고 설명했습니다.

'종신형 10년 보증' 유형은 10년만 보증해주니 빨리 사망하면 손해 아니냐는 고객의 걱정이 있었습니다. 종신형 10년 보증이란 문구의 의미는 살아있는 동안 연금을 지급하며, 만일 가입자가 10년 이내에 사망하면 10년까지만 유가족에게 연금을 지급한다는 의미입니다. 조금 더 설명을 덧붙이면 연금 수령이 시

작되고 5년 후에 가입자가 사망한다면 남은 5년간만 유가족에게 연금을 지급한다는 것입니다. 보증기간은 10년, 20년, 30년, 100세 등 다양합니다.

고객은 만 60세부터 연금을 수령할 수 있습니다. 수명이나 건강상태 등 다른 변수들을 제외하고 누적 수령연금액만 감안했을 때 '종신형 10년 보증' 유형으로 15년을 수령해도 다른 방식보다 훨씬 이득입니다. 고객이 충분히 75세 이상까지 살 수 있고 그 이후에도 건강관리를 잘해서 장수할수록 누적 수령액은 기하급수적으로 증가합니다.

100세 시대이니 100세까지 보증 받는 게 유리하다고 생각할 수 있는데 그렇지 않습니다. 보증기간이 길수록 보증비용이 많이 들기 때문에 보증기간이 짧은 유형보다 적은 연금을 수령하게 됩니다. 20년 보증 유형을 선택하고 100세까지 사는 것과 100세 보증 유형을 선택하고 100세까지 사는 것을 비교하면 20년 보증 유형을 선택하는 것이 더 많은 연금을 받습니다. 보증비용이 적기 때문이죠.

## 개인연금 수령 시기도 늦춰야 유리합니다

앞에서도 언급했듯이 저는 강의나 상담을 할 때 평균수명을 고려해 연금 수령을 설계해야 한다고 강조합니다. 누군가는 너무 빨리 죽을까봐 걱정하고 다른 누군가는 너무 오래 살까봐 걱정합니다.

하지만 이런 걱정은 오히려 불필요한 비용을 발생시키고 연금 수령액에도 악영향을 줍니다. 제 고객들만 봐도 건강 걱정 없이 사시던 분이 갑자기 세상을 떠나기도 하고, 암 치료를 받으며 힘들어하셨던 분이 장수하기도 합니다. 자신의 사망 시점은 누구도 알 수 없습니다. 그러니 평균수명을 고려해 의사결정을 하는 것이 가장 합리적입니다.

잘못된 방식으로 연금 수령방식을 선택한 사람 중에는 적절한 수령시기를 판단하지 못한 경우도 있습니다. 연금을 너무 일찍 수령해서 정작 필요할 때는 연금을 받지 못하는 것입니다. 연금저축 상품이나 개인이 납입하는 IRP 계좌는 55세 이후에 연금 수령이 가능합니다.

연금보험은 가입할 때 연금 수령시기를 결정하는데 주로 60세나 65세를 선택합니다. 그런데 55세부터 연금으로 수령하려는 사람들이 있습니다. 만일 55세를 기준으로 회사를 다니거나 적정 수입이 있다면 연금 수령은 좀 더 미루는 것이 좋습니다. 그리고 적립금을 더 굴리고 불려서 은퇴 시기에 생활비가 필요할 때 연금으로 수령해야 합니다.

2021년 가을, 공기업의 은퇴 재무설계 강의에서 만난 직장인 우종근 씨는 정년퇴직이 아직 3년이나 남았음에도 직장생활 초기에 가입한 연금보험에서 매월 40만 원의 연금을 수령하고 있었습니다.

그에게 연금을 어떻게 사용하느냐고 물었더니 한 달에 한두 번씩 친구들과 골프를 치는 비용으로 쓴다고 대답했습니다. 아이들의 교육비가 많이 늘어서 아내에게 용돈을 올려달라고 말하기 미안하던 참에 마침 연금 수령에 관한 안내문이 와서 바로 수령을 신청했다는 것입니다. 그는 눈치 보지 않고 친구들과 골프를 칠 수 있는 지금의 생활에 만족한다고 말했습니다.

연금계좌나 연금보험에 가입한 가장 큰 이유는 은퇴 이후를 걱정해서입니다. 직장에서 월급을 받으면서 연금을 조기에 수령하면 우종근 씨처럼 흐지부지 사용하게 됩니다. 이미 근로소득이 있기 때문에 연금은 생활비가 아닌 여가활동비로 소비되는 것입니다.

이럴 경우 소비의 규모가 늘어나 은퇴 이후에 부담이 되고 막상 생활비가 절실할 때는 요긴하게 사용할 수 없습니다. 자산이 많거나 은퇴 준비가 충분한 사람이 아니라면 연금 수령시기는 무조건 늦추는 것이 좋습니다. 그만큼 더 모으고 불려서 꼭 필요한 시점부터 연금을 수령해야 합니다.

많은 전문가들이 개인연금을 퇴직 시점과 공적연금 수령시기 사이의 소득절벽 기간에 사용하라고 조언합니다. 저도 과거에는 이 조언이 합리적이라고 생각했습니다. 하지만 많은 은퇴자들을 지켜보며 상담을 하다 보니 개인연금 수령시기를 최대한 늦추는 것이 훨씬 유리했습니다. 근로소득 등 수입을 얻을 수 있는 대책을 찾고 가능한 더 많은 금액을 투입해 적립금을 키우기 위해 노력하면서 말입니다.

이 책을 읽는 독자들 중에도 우종근 씨처럼 조기에 연금을 수령하고 있다면 소비 대신 은퇴 이후를 대비한 저축과 투자에 집중하기 바랍니다.

오 부장의 맞춤 은퇴 과외 4

## 변액연금보험 만기,
## 연금저축펀드로 갈아탈까요?

20년 전 지인 소개로 가입해 20년간 30만 원씩 넣은 변액연금이 있습니다. 1년 뒤 만기가 되면 원금만 7,200만 원인데 누적수익률이 2%밖에 되지 않아 충격을 받았습니다. 제가 가입했던 변액연금은 연말정산 때 세액공제 혜택도 못 받았는데 아쉬운 수익률입니다.

55세부터 수령이 가능하고 수령한다면 죽을 때까지 매월 약 40만 원을 받게 됩니다. 알아보니 만기된 개인연금을 펀드나 투자상품으로 돌려 추가 수익을 내는 방법도 있고, 추가 납부를 해서 원금을 높이는 방법도 있고, 연금저축펀드로 옮겨 운용하는 방법도 있더군요. 어떤 선택을 해야 할까요?

### 1 | 변액연금은 연금저축펀드로 이동이 불가합니다

변액연금과 연금저축은 세금 혜택 면에서 섞일 수 없는 전혀 다른 상품입니다. 변액연금은 보험료 납입 중에는 세액공제를 받지 못하는 대신 가입 후 10년이 경과한 후 중도에 해지하면 비과세 혜택을 받고 연금으로 수령할 때도 비과세 혜택을 받습니다.

반면 연금저축은 납입 중에 세액공제를 받는 대신 중도에 해지하면 원금과 수익을 더해 16.5%의 기타소득세를 부과합니다. 세금 불이익을 보지 않으려면 55세 이후에 연금으로 수령해야 하는데 이때는 연령에 따라 3.3~5.5%의 기타소득세를 부과합니다. 결론적으로 변액연금과 연금저축은 세금 정산 방법이 완전히 다른 상품으로 옮겨서 운용할 수 없습니다.

### 2 | 쌓아온 연금을 해지해 투자상품으로 돌리는 건 위험합니다

과거의 투자 경험이 성공적이거나 투자 실력이 뛰어나다면 변액연금을 해지해 돌려받는 환급금으로 펀드나 ETF, 주식 등에 투자해 고수익을 추구할 수는 있습니다. 하지만 오 부장님의 과거 투자실력으로 볼 때 애써 쌓아놓은 연금자산을 해지해 공격적으로 운용하기에는 무리가 있어 보입니다.

50대 이후에는 수익성보다 안전성을 먼저 고려해야 합니다. 투자

실패로 매월 40만 원의 연금 보장도 사라질 수 있습니다. 그보다는 새로운 일자리를 얻어 생활비를 해결하고 변액연금의 연금 수령시기를 늦추는 것이 연금액을 높이는 방법이 될 수 있습니다. 수입이 있을 때 연금을 수령하면 지출이 느슨해지는 경향이 있으므로 연금 수령시기를 늦춰 연금액을 늘려가다가 필요한 시점에 연금을 수령하는 것도 좋은 방법입니다. 연금 지급시기나 연금 수령방법 등은 연금 수령 전에 언제든지 변경 가능합니다.

### 3 | **변액연금에 돈을 더 넣는 대신 IRP 계좌에서 따로 불리세요**

추가 납입한 보험료는 연금보험의 고질적인 문제인 사업비가 적거나 아예 들지 않습니다. 때문에 투입 대비 효율은 높일 수 있습니다.

하지만 오 부장님은 은퇴를 앞두고 있어 향후 소득 예측이 불안정합니다. 부채 해결과 현금 확보라는 큰 당면과제도 있습니다. 소득이 불안정한 현시점에서 추가 납입은 추천하지 않습니다.

퇴직 후 새로운 일자리를 얻어 수입이 생긴다면 변액연금 추가 납입보다 연금저축이나 IRP 계좌에 새로 가입해 세액공제를 통해 추가 소득을 올리고 과세이연 효과를 활용해 수익률도 함께 높이는 노력을 하는 게 더 효과적입니다.

5장

# 주택연금,
# 내 집이 주는 또 다른 여유

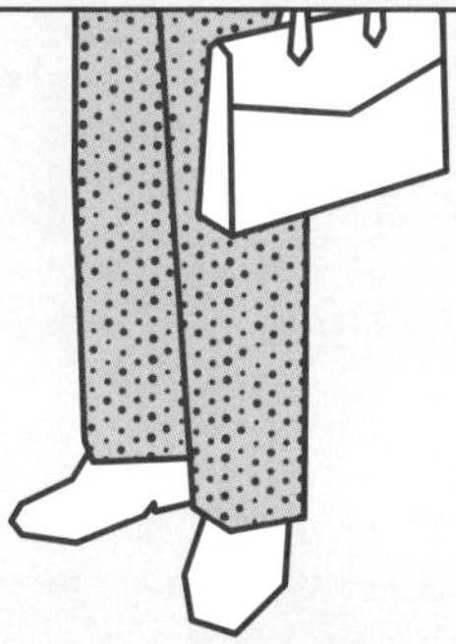

## 주택연금, 왜 제대로 활용하지 못할까요?

우리나라에서 집은 주거보다 투자 개념이 강합니다. 때문에 주택연금에 대해 부정적으로 생각하는 사람들이 많습니다. 부모들은 지금 살고 있는 집을 자녀에게 물려주고 싶어 합니다. 때로는 은퇴 후 생활비가 부족한 부모가 주택연금에 가입하려고 해도 자녀들이 말리는 경우도 있습니다.

이런 상황에도 주택연금제도가 무사히 정착하면서 도입 초창기에 비해 가입자 수가 많이 증가했습니다. 통계청은 매년 고령자 통계를 조사합니다. 그중 하나가 노후 준비 방식인데 주택연금제도는 2000년 초만 해도 집계에 잡히지 않을 만큼 비중이

주택연금 연간 누적 가입자수

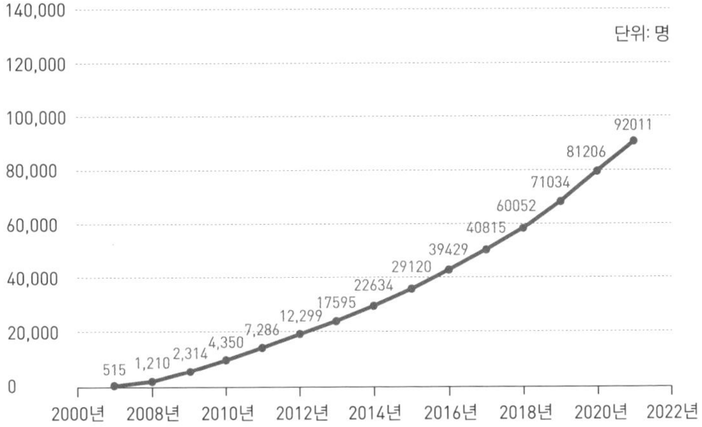


최초 가입 기준, 출처: 한국주택금융공사

낮았습니다. 그러던 것이 2021년에는 4.1%나 차지했는데 이는 3.7%인 퇴직급여보다 높은 비율입니다. 5.2%를 차지한 사적연금과 비교해도 큰 차이가 없습니다.

2021년 8월 국토교통부가 발표한 '2020년 주거실태조사 결과'에 따르면 만 65세 이상 고령가구의 75.4%가 자가에서 거주하고 있습니다. 반면 2022년 9월 기준 OECD의 사회복지통계에 따르면 우리나라 은퇴연령층의 상대적 빈곤율은 40.4%로 OECD 국가 중 1위를 차지합니다. 물론 낡은 주택에 거주하는 고령자도 많지만 집을 활용해 은퇴 생활비를 마련하면 어느 정도 상대적 빈곤에서 벗어날 수 있습니다.

지금의 50대는 자녀와 부모를 동시에 부양하는 마지막 세대이자 자녀에게 부양받지 못하는 첫 세대라고 합니다. 부모가 살고 있는 주택을 연금화해 부양 부담을 줄이고, 은퇴 생활비가 부족해지는 시점에 본인의 주택을 연금화하면 은퇴생활이 한결 여유로워집니다. 지금부터 연금이라고는 하지만 좀처럼 연금으로 활용하지 못하는 주택연금에 대해 살펴보겠습니다.

## 주택연금, 언제 신청해야 좋을까?

주택연금은 사실 연금이 아니라 역모기지론입니다. 집을 담보로 생활자금을 연금처럼 빌리는 것입니다. 그러다보니 눈에 바로 보이지는 않아도 보증비용이나 대출이자도 연금 수령이 끝날 때까지 차곡차곡 쌓여 나갑니다.

당장 대출이자를 납입하지는 않지만 주택연금 수급자가 사망하면 주택 시세와 그동안 지급한 연금액, 대출이자 등 총비용을 비교해 정산합니다. 부모가 주택 시세보다 연금을 많이 수령해도 상속인이 그 비용을 부담하지 않습니다. 대신 주택 시세보다 덜 수령했다면 정산 후 남은 금액을 상속인에게 지급합니다.

이처럼 주택연금은 주택 시세를 초과해도 사망할 때까지 계속 연금을 수령할 수 있기 때문에 장수할수록 유리합니다. 부부 중 한 사람이 만 55세가 넘으면 주택연금을 수령할 수 있습니다. 하지만 나이가 적을 때 신청하면 연금을 수령할 시간이 길기 때문에 매달 수령하는 연금액이 적습니다.

게다가 주택 가격이 폭등하면 주택연금을 중도에 해지하고 대신 시세차익을 보려는 경우도 있습니다. 그래서 주택연금은 은퇴 생활비를 마련할 최후의 보루이며 변수가 많은 금융상품이기에 가능하면 늦게 신청하는 것이 좋다고 강조합니다.

### "주택연금을 좀 더 늦게 신청했으면 좋았을 텐데요"

2022년 여름에 재무상담을 받은 60대 중반의 은퇴자 임근수 씨는 은퇴 생활비를 보충하기 위해 2016년에 서울 강북에 있는 집의 주택연금을 신청했습니다. 그동안 주택연금을 수령하다가 집값이 큰 폭으로 상승하자 2021년에 주택연금을 해지했다고 합니다.

너무 일찍 주택연금에 가입해 매월 나오는 연금액이 적어 불만이었고 집값이 올랐을 때 주택을 매도해 더 저렴한 주택으로 옮긴 후에 그 주택을 다시 주택연금에 가입해 은퇴 생활비를 충당할 생각이었습니다.

그런데 집값이 더 오를 거라 생각해 매도시기를 저울질하면서 주춤하는 사이 집값이 많이 떨어졌습니다. 주택연금을 신청할 당시의 시세보다는 높았지만 현재 떨어진 집값으로는 손해를 보는 것 같아 매도하지 못하겠다며 억울해했습니다.

그가 보유하고 있던 금융자산은 주택연금을 해지할 때 그동안 받아온 연금과 대출이자 등 제반비용을 상환하는 데 썼고, 얼마 남은 금액은 생활비로 사용해 잔고가 바닥을 보이기 시작했습니다. 앞으로의 생활비 마련이 어려워 다시 주택연금에 가입하려 했지만 해지한 지 3년이 지나지 않아 재가입도 안 되는 상황이었습니다.

여기서 임근수 씨가 선택할 수 있는 방법은 주택을 매도한 후 더 낮은 시세의 집으로 옮기는 것 외에는 딱히 없었습니다. 하지만 집을 매도했다가 집값이 상승하면 그의 노후 계획이 어그러질 것이고, 그렇다고 지금 상태를 유지하기에는 생활비에 여유가 없는 형편이었습니다. 저는 "주택연금을 좀 더 늦게 신청했으면 좋았을 텐데요"라는 말만 몇 번 되뇌다 별다른 조언을 제시하지 못한 채 상담을 마무리했습니다.

## 주택연금, 늦게 신청할수록 많이 받습니다

주택연금은 가능하면 다른 대안을 모두 활용한 후에 그래도 방법이 없을 때 가장 마지막에 신청하는 것이 좋습니다. 부부 중 1인이 만 55세 이상이면 주택연금을 신청할 수 있습니다. 일반적으로 아내가 남편보다 3세~4세가량 적은 경우가 많은데 그 나이를 감안했을 때 만 55세에 주택연금을 신청하면 매월 수령하는 연금액이 적습니다.

임근수 씨는 60세에 주택연금을 신청했고 아내는 5세 적은 55세였습니다. 두 사람이 살던 주택은 당시 6억 원의 시세를 인정받았는데 이들이 사망할 때까지 매월 수령하는 연금액은 종신정액형으로 약 97만 원에 불과했습니다.

임근수 씨가 상담을 받으러 온 2022년에 주택연금을 신청했다면 동일한 시세의 주택과 연금 수령방법으로 매월 약 133만 원을 받을 수 있었습니다. 또는 그가 일을 해 부족한 은퇴 생활비를 충당하고 만 70세(아내 나이 만 65세)에 주택연금을 신청했다면 매월 약 153만 원을 수령해 상당히 요긴하게 사용했을 것입니다.

다음 장의 표는 한국주택금융공사 홈페이지에 있는 2022년

## 일반주택의 주택연금 월지급금(종신 지급방식, 정액형)

| 연령 | 주택가격 | | | | | | | | | | | |
|---|---|---|---|---|---|---|---|---|---|---|---|---|
| | 1억 | 2억 | 3억 | 4억 | 5억 | 6억 | 7억 | 8억 | 9억 | 10억 | 11억 | 12억 |
| 50세 | 123 | 246 | 370 | 493 | 616 | 740 | 863 | 986 | 1,110 | 1,233 | 1,356 | 1,480 |
| 55세 | 161 | 322 | 483 | 644 | 805 | 967 | 1,128 | 1,289 | 1,450 | 1,611 | 1,773 | 1,934 |
| 60세 | 213 | 427 | 641 | 855 | 1,069 | 1,283 | 1,496 | 1,710 | 1,924 | 2,138 | 2,352 | 2,504 |
| 65세 | 255 | 510 | 765 | 1,201 | 1,276 | 1,531 | 1,786 | 2,041 | 2,296 | 2,552 | 2,609 | 2,609 |
| 70세 | 308 | 617 | 926 | 1,234 | 1,543 | 1,852 | 2,160 | 2,469 | 2,756 | | | |
| 75세 | 380 | 760 | 1,140 | 1,520 | 1,901 | 2,281 | 2,661 | 2,970 | | | | |
| 80세 | 480 | 960 | 1,440 | 1,920 | 2,400 | 2,881 | 3,302 | | | | | |

단위: 천 원, 출처: 한국주택금융공사

2월 1일 기준 주택연금 월지급금 예시입니다. 사망할 때까지 같은 금액의 연금을 지급받을 수 있는 종신 정액형입니다. 표에서 확인할 수 있듯이 주택가격이 높을수록, 주택연금 신청자의 연령이 높을수록 매월 수령하는 연금액은 증가합니다. 단 9억 원 이상 주택은 만 70세 이후에 신청하면 주택 시세가 더 높아도 연금액 지급 기준은 9억 원 시세의 주택과 동일합니다.

나이가 적어 매월 지급받을 수 있는 연금액이 적더라도 생활비를 마련할 다른 대안이 없다면 주택연금을 신청하는 것이 최선의 방법일 수 있습니다. 또는 현재 거주 중인 주택을 자녀에게 상속할 생각이 없고 좀 더 여유 있는 은퇴생활을 계획한다면 조금 이른 나이에 주택연금을 신청할 수 있습니다.

반면 다른 소득이 있거나 적정 수준의 은퇴 생활비를 계획하고 있다면, 자녀에게 주택을 상속하고 싶다면 주택연금을 신청하지 않거나 신청하더라도 가능한 늦게 하는 것이 좋습니다. 주택연금을 수령하다가 남은 금액을 자녀에게 물려주고 싶을 때도 마찬가지입니다.

다만 은퇴 생활비 마련이 어려운데 자녀에게 주택을 물려주기 위해 주택연금을 신청하지 않고 궁핍한 생활을 하는 것은 현명한 선택이 아닙니다. 때로는 부부의 행복한 삶을 위해 과감하게 주택연금을 신청할 필요도 있습니다.

## 집을 모시고 살지 마세요

지금의 50대는 자녀와 부모를 모두 부양하는 마지막 세대입니다. 자신의 노후를 준비하는 것도 힘겨운 상황에서 부모의 부양은 큰 부담이 됩니다.

이럴 때는 부모의 주택을 담보로 주택연금에 가입해 매월 지출하는 부양비에 대한 부담을 더는 것이 좋습니다. 그래야 부모가 자식들의 눈치를 보지 않고 자력으로 경제생활을 하면서 당당하게 살 수 있습니다. 자녀들은 부모를 부양하는 데 쓰던 비용을 자신의 은퇴 생활비를 마련하는 데 사용할 수 있습니다.

우리나라에서는 주택연금에 대한 부모와 자녀 간의 시각 차이가 강합니다. 부모는 주택연금을 신청하려고 하지만 자녀가 훗날 상속을 기대하며 말리기도 하고, 부모가 은퇴 생활비를 제대로 준비하지 못해 넉넉하게 살지 못하는 모습을 보는 게 안타까워 자녀가 부모에게 주택연금을 신청하라고 권유하지만 부모가 거절하기도 합니다. 부부 간에도 의견이 다른 경우가 있습니다. 그럼에도 2007년 주택연금제도의 첫 도입 이후 가입자 수는 매년 꾸준히 증가하고 있습니다.

2020년 여름에 40대 중반의 전업주부인 홍지연 씨가 부모님을 모시고 사무실을 방문했습니다. 그녀의 형제들은 은퇴 생활비가 넉넉하지 못한 부모님의 부양비로 고민하고 있었습니다. 그녀의 아버지는 호방한 성격으로 친구들에게 가끔가다 밥도 사고 싶고 몇 달에 한 번씩은 좋아하는 낚시도 즐기고 싶은데 생활에 여유가 없으니 삶이 재미없다고 토로했습니다.

홍지연 씨와 형제들은 70대 초반의 부모님이 거주하는 남양주의 아파트를 담보로 주택연금에 가입하기를 원했습니다. 부모님이 원하는 것을 즐기면서 여생을 보내길 바란 것입니다.

문제는 어머니였습니다. 주변에서 주택연금은 말만 연금일 뿐 사실은 대출이나 다름없다는 설명을 듣고 난 뒤 절대 가입하지 않겠다고 고집을 부렸습니다. 젊은 시절 대출 때문에 고생했던 기억 때문에 주택연금을 받지 않겠다는 것이었죠. 홍지연 씨는 어머니를 설득하고 싶어 찾아왔다고 말했습니다.

## 주택연금으로 빈곤의 대물림 끊기

저는 어머님께 주택연금의 장점과 단점을 자세히 설명했습니다. 그다음에는 본격적으로 은퇴 생활비를 준비해야 할 자녀들이 부모의 부양비 때문에 많이 힘든 상황이라고 전하자 어머니의 마음이 조금씩 움직이기 시작했습니다. 자녀를 위해, 그리고 자신과 남편을 위해 주택연금에 가입하는 것이 좋겠다고 설득한 지 두 시간쯤 지났을 무렵 홍지연 씨의 어머니는 마음을 완전히 돌렸습니다. 주택연금에 가입하겠다는 말에 홍지연 씨와 아버지의 표정이 밝아졌습니다.

자녀 입장에서는 부모님이 생활비 걱정 없이 여유 있게 생활하니 마음 편해지고, 부양 부담도 줄었으니 본격적으로 자신의 은퇴 준비를 시작할 수 있게 되었습니다. 홍지연 씨와 형제들은 언제가 될지 모르는 미래에 낡은 아파트 한 채를 상속받는 것보다 지금 당장 부모님의 편안한 노후와 자신들의 은퇴 준비가 더욱 중요하다고 판단한 것입니다.

제가 홍지연 씨의 어머니를 강하게 설득한 가장 큰 이유는 자녀들의 은퇴 빈곤의 대물림을 끊기 위해서였습니다. 홍지연 씨는 삼남매로 형제들이 매달 50만 원씩을 각출해 부모님의 생활비를 지원하고 있었습니다. 모두 자녀 교육비 지출도 많은 시기여서 국민연금이나 퇴직연금 외에는 은퇴 준비를 전혀 못하고 있었습니다.

이런 상태가 지속되면 홍지연 씨 형제들도 부모님과 같은 전철을 밟을 확률이 높습니다. 그런데 부모님이 주택연금에 가입해 매월 연금을 받으면 생활이 안정돼 더 이상 자녀의 도움을 받지 않아도 됩니다. 부모님이 살아계시는 동안 매월 연금을 받으면서 그 집에 계속 거주할 수 있으니 주거도 안정적입니다. 홍지연 씨 형제들도 부모님께 지원하던 매월 50만 원을 개인연금에 투자해 은퇴 준비를 시작했습니다.

이처럼 거주 중인 주택을 잘 활용하면 부모와 자식 모두 좀 더 나은 노후를 즐길 수 있다는 사실을 기억하기 바랍니다.

# 자산과 현금흐름이 같이 늘어나는 주택 다운사이징

많은 사람들이 은퇴 이후에도 지금 살고 있는 집에서 계속 지내고 싶어 합니다. 하지만 은퇴 후 자녀들이 출가까지 마쳤다면 살고 있는 집의 크기를 줄여 은퇴자산으로 활용하는 게 합리적입니다.

은퇴 후 주택 다운사이징에 주목하는 이유는 다양합니다. 먼저 부채가 있다면 집을 줄이고 얻은 자산으로 원리금을 상환할 수 있습니다. 은퇴 전에 소득이 많을 때는 원리금 상환에 어려움이 없습니다. 하지만 은퇴 이후에 원리금까지 상환하고 나면 생활비 부족에 시달릴 수 있습니다. 따라서 부채를 해결해 매달 빚을 갚는 데 쓰던 돈을 은퇴 생활비로 활용하면 경제적, 정서적으로 한결 여유로운 노후를 보낼 수 있습니다.

이처럼 다운사이징에서 얻은 자산으로 현금흐름을 더하면 매달 은퇴 생활비가 더욱 풍족해집니다. 그뿐 아니라 주택의 규모를 줄이면 관리비 등 주거생활에 필요한 각종 비용을 절약할 수 있습니다. 즉 자산과 현금흐름이 함께 늘어나는 긍정적 효과가 생깁니다. 게다가 나이 들수록 집을 청소하고 관리하는 것도 힘이 듭니다. 가사노동에 들어가는 노동력과 시간을 줄여 취미나 여가활동에 쏟으면 더 건강하고 활기차게 살 수 있습니다.

주택 다운사이징은 주택연금보다 더 많은 현금흐름을 만들 수도 있습니다. 현재 살고 있는 지역보다 주택 가격이 낮은 지역으로 이사하거나, 같은 지역에서 규모가 작은 집으로 옮기면 집 외에 추가의 여유자산 확보가 가능합니다.

예를 들어 현재 살고 있는 집의 시세가 10억 원인데 다운사이징을 결심해 시가 7억 원의 집으로 이사하면 3억 원의 자금이 생깁니다. 이 돈으로 추가적인 현금흐름을 만들 방법을 적극 고민하는 것입니다. 지방의 아파트나 오피스텔을 사서 월세를 놓으면 매월 일정 금액의 현금을 확보할 수 있습니다.

금융자산에 투자해 이자나 투자수익으로 추가적인 현금흐름을 만들어내는 것도 가능합니다. 이렇게 다운사이징으로 생긴 여유자금으로 얻을 수 있는 현금이 주택연금에 가입해 수령할 수 있는 금액보다 많거나 비슷한 수준이라면 주택연금보다 다운사이징이 우선입니다.

주택연금에 가입해 연금을 받으면 시간이 지날수록 담보로 제공한 주택에서 자신의 지분이 줄어들지만 다운사이징에 성공하면 지금 살고 있는 시가 7억 원의 주택은 온전히 남아 있고, 추가로 발생한 3억 원으로 구입한 자산은 매월 현금흐름을 만들어내는 동시에 훗날 자산 가치가 추가로 상승할 가능성도 있습니다.

저의 지인은 자녀가 모두 출가하자 살던 집을 줄여 이사하고 월세를 받을 수 있는 작은 평형의 아파트를 추가로 매입했습니다. 그 사이 옮긴 집과 월세를 준 아파트의 시세가 올랐고 월세액도 꽤 상승해 매우 만족하고 있습니다.

은퇴 생활비가 부족할 때 주택연금에 가입하면 안정적인 노후생활에 보탬이 됩니다. 하지만 다운사이징을 먼저 생각한다면 더 좋은 대안을 찾을 수도 있습니다. 만일 다운사이징 후 좀 더 여유 있는 은퇴생활을 원한다면 주택연금에 가입해 더 많은 현금흐름을 만들어내는 방법도 고려해보기 바랍니다. 이 외에도 나에게 맞는 또 다른 방법이 있을 것입니다.

중요한 것은 주택연금 가입을 1순위로 두지 말고 집을 활용할 여러 가지 대안을 찾아본 다음에 가장 유리한 방법을 선택하는 게 우선이라는 사실입니다. 주택연금은 최후의 보루이자 마지막 선택지로 남겨놓기 바랍니다.

만일 지금 살고 있는 주택의 시세가 다운사이징을 할 정도의 가격이 아니거나 지은 지 오래돼서 매매가 어렵다면 주택연금 가입이 최선일 수도 있습니다. 참고로 2억 원 미만의 주택 소유자로 부부 중 1인이 기초생활수급자일 경우 우대형 주택연금에 가입할 수 있습니다. 이때는 일반 주택연금 가입자보다 약 21% 많은 연금을 수령할 수 있습니다.

# 주택연금 가입 전 알아야 할 필수 정보

**Q** | 주택연금 가입요건은?

**A** | 부부 중 한 명이라도 대한민국 국민이며 만 55세 이상이어야 합니다. 부부 기준 공시가격 9억 원이하의 주택 소유자만 가입할 수 있습니다. 공시가격 9억 원은 시가로 약 12억~13억 정도입니다.

다주택자의 경우 보유 주택들의 공시가격을 합산한 것이 9억 원 이하라면 주택연금 가입이 가능합니다. 단 주택연금 가입 후 3년 이내에 1주택만 남기고 처분해야 합니다.

**Q | 주택연금에 가입할 수 있는 주택 종류는?**

**A** | 아파트나 빌라와 같은 일반주택, 주거 목적의 오피스텔, 노인복지주택, 상가와 주택이 같이 있는 복합용도주택으로 등기상 주택이 차지하는 비율이 2분의 1이상이면 주택연금 가입이 가능합니다.

**Q | 주택연금에 가입할 때 어떤 비용이 발생하나요?**

**A** | 최초 연금 지급일에 주택가격의 1.5%(대출상환방식 1.0%)의 초기보증료가 발생합니다. 매월 연금을 수령하면 그 연금액에 대한 대출이자도 발생합니다. 연보증료로 보증잔액의 0.75%(대출상환방식 1%)를 12분의 1로 나눠 매월 내야 합니다. 이러한 비용은 연금을 수령하면서 납부하는 것이 아니라 쌓아두었다가 주택연금을 중도해지하거나 사망으로 계약이 종료되는 시점에 주택 처분금액과 함께 정산합니다.

**Q | 부부 중 한 사람이 사망해도 계속 연금을 수령할 수 있나요?**

**A** | 남은 배우자가 사망할 때까지 동일한 연금액을 수령할 수 있습니다. 단 주택소유권자가 사망하면 공동상속인인 자녀들의 동의를 받아야 합니다. 요즘은 황혼재혼도 많아 자녀가 동의

하지 않을 경우에 대비해 신탁방식 주택연금에 가입하기도 합니다. 이는 소유권자가 사망했을 때 자동으로 남은 배우자에게 연금이 승계되는 방식입니다.

**Q | 주택연금에 가입한 후 주택가격이 상승하거나 하락하면 연금액이 늘거나 줄게 되나요?**

**A** | 아닙니다. 주택가격의 상승과 하락에 관계없이 처음 가입 당시의 연금액과 동일한 금액을 수령합니다(종신 정액형 기준). 다른 지급방식을 선택했더라도 처음 가입했을 당시의 금액 기준에 따라 계약이 종료될 때까지 동일한 연금액을 수령합니다.

**Q | 주택연금을 얼마 못 받았는데 부부가 모두 사망하면 어떻게 되나요?**

**A** | 사망 시점의 주택 처분금액과 연금액, 보증비용, 대출이자 등을 합산한 금액을 비교한 후 주택 처분금액이 크면 그 차액을 상속인에게 지급합니다. 사망 시점까지 수령한 연금액과 기타 비용의 합이 주택 처분금액보다 더 많아도 상속인이 그 차액을 부담하지 않습니다. 즉 부부가 장수할수록 유리합니다. 주택은 상속인이 직접 처분 가능하며 한국주택공사에서 경매 등으로

처분할 수도 있습니다.

**Q | 주택가격이 동일해도 나이에 따라 연금액이 달라지나요?**

**A** | 부부 중 나이가 적은 사람을 기준으로 연금액을 산출합니다. 따라서 주택가격이 동일하더라도 나이가 적을수록 연금액도 적습니다. 55세와 70세가 각각 주택연금을 신청했다면 평균적으로 55세가 70세보다 오래 살면서 연금을 많이 수령할 수 있기 때문에 매월 더 적은 연금액을 지급합니다.

**Q | 연금액은 공시가격과 시가 중 어느 것으로 결정하나요?**

**A** | 가입기준을 따질 때는 공시가격으로 정하고 연금액은 시가에 따라 결정됩니다. 단 시가 9억 원 이상인데 만 70세 이후에 주택연금 가입을 신청하면 시가 9억 원 기준의 연금액을 수령하게 됩니다. 예를 들어 만 70세에 종신 정액형 지급방식으로 시가 9억 원과 12억 원의 주택으로 각각 연금을 신청해도 매월 수령할 수 있는 연금액은 275만 6,000만 원으로 동일합니다 (2022년 12월 현재).

**Q | 주택연금 대출금리는 얼마인가요?**

**A |** 매월 수령하는 연금은 결국 대출금이기 때문에 대출이자가 발생합니다. 연금을 수령할 때 납입하지 않고 차곡차곡 쌓아두었다가 주택연금을 중도해지하거나 사망으로 연금 지급이 끝났을 때 정산합니다. 대출 기준금리는 CD(91일물, 3개월 변동금리)나 COFIX(신규취급액 기준, 6개월 변동금리) 중 한 가지를 금융회사와 주택연금 신청자가 협의해서 결정할 수 있습니다.

따라서 적용금리는 CD+1.1%(가산금리)거나 COFIX+0.85%(가산금리) 중 하나를 선택하면 됩니다. 주택연금의 대출금리는 금융회사에서 우량고객에게 제시하는 주택담보 대출금리보다 낮은 수준입니다.

**Q | 주택연금 수령방법은 종신 정액형 외에 무엇이 있나요?**

**A |** 크게 분류하면 종신방식, 확정방식, 대출상환방식, 우대방식이 있습니다. 자세한 내용은 옆의 표를 참고하기 바랍니다.

**Q | 주택연금을 수령하다 중도해지를 할 수 있나요?**

**A |** 가능합니다. 중도해지 시 그동안 수령한 누적연금액과 이자, 초기보증료는 가입자가 부담합니다. 해지 후 3년 이내에는

## 주택연금 수령 방식

| 구분 | | 세부 내용 |
|---|---|---|
| 종신방식 | 종신 지급방식 | 인출한도 설정 없이 월지급금을 종신토록 지급받는 방식 |
| | 종신 혼합방식 | 인출한도(대출한도의 50% 이내) 설정 후<br>나머지를 월지급금으로 종신토록 지급받는 방식<br>단 신탁방식으로 가입 시, 임대보증금 반환의 목적으로<br>90%까지 설정 가능(최초 가입시점에서만 설정가능) |
| 확정방식 | 확정기간 방식 | 선택한 일정 기간만 월지급금을 지급받는 방식 |
| | 확정기간 혼합방식 | 수시인출한도 설정 후 나머지 부분을 월지급금으로<br>일정 기간만 지급받는 방식 |
| 대출상환방식 | | 주택담보대출 상환용으로 인출한도(대출한도의 50% 초과 90% 이내)<br>범위에서 일시에 찾아 쓰고,<br>나머지 부분을 월지급금으로 종신토록 지급받는 방식 |
| 우대방식 | | 부부 기준 1.5억 원 미만 1주택 보유자가<br>종신방식(정액형)보다 월지급금을 최대 21% 우대하여 지급받는 방식 |

동일 주택으로 재가입이 안 되므로 신중히 해지해야 합니다.

**Q | 주택연금에 인출한도를 설정해 놓고 수시로 목돈을 인출할 수 있다고 하는데 인출 가능한도는 얼마인가요?**

**A** | 주택연금에 가입할 때 주택 시세에 맞춰 전액 연금으로 수령해도 되지만 일부는 연금으로 나머지는 목돈 인출용으로 한

도를 정해 놓고 사용할 수 있습니다. 인정되는 용도로는 담보주택의 선순위 주택담보대출 상환, 담보주택에 대한 임대차보증금 반환, 의료비, 교육비, 주택유지수선비 등이 있습니다.

먼저 인출한도는 대출한도가 결정된 후 그 범위 내에서 정해집니다. 대출한도는 주택연금 가입자가 100세까지 지급받을 연금대출액을 현재 시점의 가치로 환산한 금액입니다. 인출한도는 대출한도의 50% 이내(종신혼합방식, 확정기간혼합방식), 50% 초과 90% 이내(대출상환방식), 45% 이내(우대혼합방식)로 설정해 용도가 인정될 경우 목돈으로 사용이 가능합니다. 중도에 인출한 금액은 수시로 상환할 수 있는데 중도상환수수료는 없습니다. 인출한도를 설정하면 연금으로만 전부 수령할 때보다 연금 수령액이 줄어듭니다.

**Q | 임차인이 있어도 주택연금을 이용할 수 있나요?**

**A** | 아닙니다. 주택연금에 가입할 때는 기본적으로 해당주택에 실거주해야 합니다. 그러므로 주택 전체를 전세나 월세로 임대를 주고 있다면 가입이 불가합니다.

다만 예전의 하숙방 형태처럼 부부 중 한 사람이라도 거주하면서 주택의 일부를 보증금 없는 월세로 임대를 주고 있다면 가입이 가능합니다. 주택연금 가입 후에는 실거주 예외 인정사유에 해당되면 한국주택금융공사의 승낙을 받아 집 전체를 보증금 없는 월세로 임대할 수 있습니다. 실거주 예외 인정사유에는 질병 치료, 심신요양을 위한 병원 및 요양시설 입원(입소), 자녀의 봉양을 받기 위한 다른 주택 등에 장기체류, 관공서에 의한 격리, 수용, 수감 외에 기타 개인적인 특별 사유로 한국주택금융공사가 인정한 경우 등이 있습니다.

**Q | 주택담보대출이 있어도 주택연금에 가입할 수 있나요?**

**A** | 가입할 수 있습니다. 주택연금을 신청할 때나 주택연금 이용 도중 목돈이 필요할 때를 대비한 인출한도 설정제도를 운용합니다. 이 제도를 이용해 주택담보대출을 상환할 수 있습니다. 하지만 대출이 많을 경우 인출금에 대한 대출이자가 많이 발생하고 실제로 지급받는 연금액도 도움이 안 되는 미미한 수준이 될 수 있으니 신중하게 검토해서 결정해야 합니다.

**Q | 주택연금 신청 이후 해당 주택이 재개발이나 재건축을 해도 연금을 계속 수령할 수 있나요?**

**A** | 재건축, 재개발, 리모델링을 해도 한국주택금융공사에 관련

서류를 제출하면 연금을 계속 수령할 수 있습니다. 단 재건축할 때 한국주택금융공사가 1순위 근저당권을 설정하기 때문에 조합 등으로부터 제공되는 이주비 대출을 못 받을 수 있습니다.

**Q | 주택연금 수령 중에 신규 주택을 취득할 수 있나요?**

**A** | 주택연금에 가입하는 시점에는 보유주택 수에 대해 확인하지만 주택연금 수령 중에는 신규 주택을 취득할 수 있습니다. 단 일반주택연금보다 연금을 많이 수령하는 우대형 주택연금 가입자는 연금 수령 중에 주택을 취득할 수 없습니다.

**Q | 주택연금에 대해 더 궁금한 내용이 있다면?**

**A** | 한국주택금융공사 홈페이지(https://www.hf.go.kr)를 방문해 관련 내용을 살펴보거나 콜센터(1688-8114)에 전화해 문의하면 됩니다.

오 부장의 맞춤 은퇴 과외 5

# 30평대 마포구 아파트, 주택연금 활용법

퇴직할 때가 되니 노쇠한 몸과 함께 나이든 아내, 훌쩍 커버린 아이들, 아파트 한 채, 자동차 한 대만 남았습니다. 가진 자산도 넉넉지 않고 어렵게 장만한 30평대 아파트 한 채가 최후의 보루인 것 같습니다. 이 집, 어떻게 가져가면 좋을까요?

### 1 | 주택연금은 최후의 보루로 남겨두세요

오 부장님은 보유한 금융자산이 넉넉한 편이 아닙니다. 보유한 아파트를 자녀에게 물려준다는 생각보다 부부가 노후를 안정적으로 보낼 방편으로 쓰는 것이 좋습니다. 부부 중 한 사람이 만 55세가 넘으면 주택연금을 수령할 수 있지만 나이가 적을 때 신청하면 연금을 수령할 시간이 길어지는 만큼 매달 수령하는 연금액이 적습니다. 주택

가격이 높을수록, 주택연금 신청자의 연령이 높을수록 매월 수령하는 연금액은 증가합니다.

### 2 | 자녀가 독립했다면 집을 줄이세요

자녀가 부모 품을 떠났다면 살고 있는 집의 규모를 줄여 부채를 상환하는 방법도 추천합니다. 은퇴 후에도 대출을 상환하는 일은 노년의 삶을 고통스럽게 만듭니다. 평생 살던 곳을 떠나는 일이 쉽지 않겠지만 금융자산이 많지 않다면 무엇보다 노후 현금을 확보하는 것이 중요합니다. 비싼 집에서 근근이 살아가는 것보다 주변의 작은 평형이나 근교로 이사해 매달 현금을 확보하는 방식을 권합니다.

### 3 | 자산에 대한 부모와 자녀의 동상이몽을 없애세요

자녀와 부모가 퇴직 후 자산과 노후계획에 대해 공유해야 합니다. 은퇴 상담을 하는 부모 세대와 자녀 세대의 생각은 전혀 다릅니다. 부모들은 퇴직 후 믿을 것은 평생에 걸쳐 장만한 아파트밖에 없다고 생각하지만 자녀들은 부모님이 고가의 아파트를 팔아서라도 자신들을 지원할 거라고 착각합니다. 그러므로 반드시 자녀에게 퇴직 후 부모의 생활계획을 공유하고 부모가 일군 자산을 어떻게 활용할지 공유하기 바랍니다.

6장

# 보험, 아플 일은 많아져도 핵심만 챙겨가자

## 갱신할 때마다 치솟는 실손보험료, 어떡하죠?

오래 시간 재무설계를 업으로 하면서 수많은 금융상품을 다뤘지만 보험만큼 골치 아픈 것도 없습니다. 내용이 복잡한데다 개개인마다 어떤 보장항목이 꼭 필요하고 어떤 보장항목은 없어도 되는지 판단하기 어렵습니다. 게다가 설계사마다 강조하는 보장내역도 다릅니다.

오랜 경험에 비춰볼 때 보험은 없으면 안 되지만 너무 많이 가입해 보험료가 줄줄 새도 안 됩니다. 적절한 균형점을 잡아 꼭 필요한 보장항목만 가져가고 남은 여력으로는 미래를 대비해야 합니다. 그런데 확실한 기준이 없다보니 균형을 잡기 어렵습니다. 그 결과 은퇴 생활비 마련이 중요한 4050세대가 보험료 때문에 은퇴 준비에 방해를 받고 있습니다.

상담할 때마다 고객들이 들고 오는 두툼한 보험증서들을 보면 안타깝기도 하고 화도 납니다. 한 고객은 외벌이임에도 남편과 자녀를 포함해 총 20개의 보장성 보험에 가입했습니다. 여기에만 매월 85만 원의 보험료가 들고 있었습니다. 더 답답한 것은 노후 대비로는 매월 12만 원의 적금에 가입한 게 전부라는 사실이었습니다. 그마저도 아이의 교육비 마련이 목적이라고 했습니다.

고객은 친척이 큰 병에 걸려 치료비 때문에 고생하는 것을 보고 필요한 보험을 찾아 가입했다고 했습니다. 상황은 이해했지만 너무 과했습니다. 이처럼 미래를 위한 저축이나 투자보다 만일을 대비하는 보장성 보험료가 훨씬 큰 가정이 많습니다.

은퇴 생활비 마련에 특별히 집중해야하는 50세 전후는 보장성 보험을 객관적으로 바라보고 '저비용 고효율' 차원에서 불필요한 보장항목이나 보험을 빨리 정리해야 합니다. 이 과정에서 생긴 금전적 여력을 은퇴 생활비 마련에 쏟아야 합니다.

저는 50대를 대상으로 하는 강의에 갈 때마다 목이 아플 정도로 이 내용을 강조합니다. 보장성 보험을 정리하라는 것은 아닙니다. 기본적인 보험은 반드시 필요합니다. 지금부터 노후에 꼭 필요한 보험만 남기면서 은퇴 생활비 준비에 집중할 수 있는 방법을 살펴보겠습니다.

## 실비보험료만 월 10만 원, 4세대로 갈아탈까요?

최근 보험과 관련해 가장 많이 받는 질문은 과거에 가입한 실손의료비 보험료가 많이 올라 부담스러운데 현재 판매되고 있는 4세대 실손의료비 보험으로 전환해도 되는지 여부입니다.

실제 60대 기준으로 1세대 실손보험료는 여러 차례 갱신한 결과 월 10만 원이 넘습니다. 2000년대 중반에 실손의료비 보험이 처음 대중화될 때만해도 갱신 보험료가 이렇게 많이 올라 부담이 될 거라고는 아무도 예상하지 못했습니다.

사실 갱신 때마다 큰 폭으로 오르는 보험료 인상은 보험회사 탓이라기보다 실손의료비 보험 가입자와 일부 병원의 그릇된 행태에서 비롯합니다. 보험 가입자 중 의료 쇼핑을 하는 사람들이 많고 일부 병원에서는 실비보험에 가입한 환자의 과잉진료가 빈번해 보험금을 과다 청구하기 때문입니다. 게다가 보험사기까지 극성을 부리니 보험료가 올라가지 않을 수 없습니다.

간혹 어르신들 중 보험료가 올라갈까 걱정돼 치료를 받고도 보험료 청구를 하지 않는 경우가 있습니다. 하지만 1~3세대 가입자라면 그럴 필요가 없습니다. 1~3세대 실손의료비 보험은 내가 보험금을 많이 받았다고 해서 내 보험료가 올라가지는 않습니다. 같은 회사의 유사한 보험을 가입한 보험 가입자들의 연대책임 결과에 따라 갱신 보험료가 결정되기 때문입니다.

내가 보험금을 많이 받아가서가 아니라 그 보험에 가입한 모든 가입자가 납입한 보험료 대비 지급한 보험금이 많아서 갱신 보험료가 올라가는 것입니다. 게다가 건강한 가입자는 실손의료비 보험 전환을 통해 그 보험에서 빠지고 건강에 자신 없는 가입자가 많이 남아 있기 때문에 보험료 결정에 큰 영향을 끼치는 손해율이 더 올라갑니다.

박진영 씨는 2006년 6월에 실손의료비 보험에 가입했습니다. 당시만 해도 보험료는 1만 738원밖에 안 됐습니다. 그런데 지금까지 5년 갱신주기로 세 차례 갱신한 결과 2021년 6월 이후로 현재까지 매월 10만 3,300원을 납입하고 있습니다. 15년 만에 962%나 인상한 것입니다.

다음 갱신은 2026년 6월이 될 텐데 그때 또 얼마나 인상될지

**세대별 실손의료비 보험 비교**

| 구분 | 가입기간 | 주요 특징 | 기타 |
|---|---|---|---|
| 1세대 | ~2009년 7월 | 자기부담금 없음 | 갱신 시 보험료 부담이 큼 |
| 2세대 | 2009년 8월~ 2017년 3월 | 자기부담금 10~20% | 갱신 시 보험료의 25% 이하로 만 올릴 수 있음 |
| 3세대 | 2017년 4월~ 2021년 6월 | 자기부담금 10~20%, 기본형과 특약 분리 | 비급여 주사, 도수치료, MRI 등 비급여항목 보장 |
| 4세대 | 2021년 7월~ | 보험료가 가장 저렴. 자기부담금 급여 20%, 비급여 30%, 급여/비급여/3대 비급여 분리 지급 | 갱신 시 할증 또는 할인 |

예측할 수도 없습니다. 건강한 편이었던 박진영 씨는 아마도 갱신보험료를 확인한 후 기존 보험의 갱신을 포기하고 그 시점에 판매 중인 실손의료비 보험으로 전환할 가능성이 큽니다.

박진영 씨가 가입한 1세대 실손의료비 보험은 통원치료 시 가입자가 자기부담금 5,000원만 내면 가입금액 한도 내에서 나머지 금액을 보상 받을 수 있습니다. 입원 치료를 받을 때는 기준 병실에 입원하면 가입금액 한도 내에서 치료비 전액을 보상받습니다. 1세대는 자기부담금이 미미한 수준이라 보험금 지급의 빈도가 잦고 금액이 많아 그 이후에 판매된 다른 세대의 보험보다 보험사의 손해율이 압도적으로 높습니다. 그 결과 갱신 때마다 큰 폭으로 보험료가 인상돼 가입자들이 이러지도 저러지도 못하고 있습니다.

당장은 기존 보험을 유지할 수 있겠지만 앞으로 갱신 때마다 보험료가 큰 폭으로 오르면 추가 갱신이 어려워 자기부담금은 많지만 보험료는 저렴한 실손의료비 보험으로 전환할 가능성이 큽니다. 그 시점이 언제냐가 관건일 뿐 누구도 기존 보험을 계속 유지할 수는 없을 것입니다.

보험료는 1세대가 가장 높고 2세대, 3세대, 4세대로 갈수록 보험료가 낮습니다. 반대로 자기부담금은 1세대가 가정 적고 순차적으로 늘어납니다. 현재 판매 중인 4세대 실손의료비 보험은 자기부담금 비율이 가장 높은데 건강보험이 적용되는 급여는 20%, 적용되지 않는 비급여는 30%를 가입자가 부담해야 합니다. 현행 제도상 1, 2, 3세대 실손의료비 보험 가입자는 언제든지 4세대 실손의료비 보험으로 전환할 수 있습니다.

## 4세대로 갈아타기 전 확인할 것들

과거에 가입한 1세대~3세대 실손의료비 보험을 현재 판매 중인 4세대로 전환할 때는 몇 가지 사항을 고려해 의사결정을 해야 합니다.

첫째, 은퇴를 하는 연령대라면 앞으로 병원 치료를 받을 확률이 높습니다. 특히 건강이 좋지 않다면 더욱 그렇습니다.

둘째, 자기부담금 비율이 높아집니다. 급여(진찰, 수술, 입원 등 건강보험 적용 항목)는 20%, 비급여(도수치료, MRI 등 건강보험 비적용 항목)는 30%를 부담해야 합니다.

셋째, 과거에 가입한 보험은 내가 보험금을 많이 받아가도 보험료 인상과 관계없지만 전환되는 보험에서 비급여는 1년간 보험금을 많이 받아 가면 그 다음해 보험료가 100%(보험금 100만 원 이상)에서 최대 300%까지(보험금 300만 원 이상) 인상될 수 있습니다. 매년 비급여 보험금을 많이 받아가는 건 아니기 때문에 1년마다 보험금 지급 이력은 초기화 돼 그 나이에 맞는 보험료로 다시 설정됩니다.

넷째, 4세대 보험을 5년마다 갱신하면 당시 판매 중인 실손의료비 보험으로 갱신됩니다. 통상적으로 새로 판매되는 상품은 이전 상품보다 보장범위가 줄어듭니다. 4세대 실손의료비 보험도 이전 세대에 비해 보장범위가 많이 좁아졌습니다.

마지막으로 이처럼 보험이 전반적으로 불리해지는 대신 보험료는 매우 저렴해집니다. 4세대 보험료는 1세대 보험료의 30% 수준이며, 2세대 보험료의 50% 수준, 3세대 보험료는 4세대 보험료의 90% 수준입니다.

### 지병이 있다면 기존 실손보험을 유지하세요

저에게 보험 전환에 대한 조언을 요청하는 사람들은 대부분 1, 2세대 가입자입니다. 특히 1세대 실손의료비 보험 가입자가 많습니다. 이런 고민을 하는 사람들에게 앞에서 설명한 보험 전환 시 고려해야 할 5가지를 설명합니다. 그럼에도 의사결정을 내리지 못할 때는 연령에 따라 다른 의견을 전달합니다.

50세 미만이고 아직은 보험료를 감당할 수준이라면 당분간은 유지하는 게 낫다고 조언합니다. 50세 이상에게는 현재 적정 수준의 소득이 있다면 당분간은 유지하며 치료비 보장을 받다가 보험료를 내는 게 어려워지는 시점에 판매 중인 실손의료비 보험으로 전환하는 것을 고려해보라고 조언합니다.

3세대 실손의료비 보험 가입자라면 4세대와 비교해 보험료 차이가 크지 않기 때문에 기존 상품을 계속 유지하는 것이 낫습니다.

특히 지병이 있거나 건강이 좋지 않다면 가능한 한 1~3세대의 기존 보험을 유지하는 게 좋습니다. 자기부담금이 없거나 적으며 보장 폭이 넓어 노후 의료비 부담을 많이 줄일 수 있기 때문입니다.

## 보험 해지와 리모델링 중 유리한 것은?

50세 전후라면 새로운 보험에 가입하는 것보다 기존에 가입한 보험들을 효과적으로 정리해 불필요한 보험료가 새는 것을 막아야 합니다. 상담자들의 종합보험 가입항목을 살펴보면 아프거나 다쳤을 때 보상해주는 항목이 빼곡합니다.

하지만 실제로 보험 가입자들의 청구 내역을 살펴보면 대부분 실손의료비 항목입니다. 보장항목이 많으면 좋은 보험 같지만 실제로 이 항목에 해당돼 보험금을 받을 확률은 매우 낮습니다. 발생빈도가 현저히 낮은 각각의 보장항목에도 보험료를 지불하고 있는 것이 현실입니다.

보험증서 속 보장항목 중 매월 납입하는 보험료가 높은 것은 발생 확률이 높은 것입니다. 반면 원 단위나 십 원 단위 보험료는 발생 확률이 매우 낮은 질병이라고 생각하면 됩니다. 한마디로 보장항목은 자동차 옵션과 비슷합니다. 중형차를 사려고 자동차 매장에 갔다가 온갖 옵션을 다 선택하면 결국 대형차 가격과 비슷한 금액이 되는 것과 같습니다. 보험에서 이런 옵션만 빼내도 매월 1만~2만 원의 보험료를 아낄 수 있습니다.

가끔 암이나 뇌졸중 등 큰 병에 걸려 보험금을 지급받는 가입자도 있지만 청구 내역을 보면 흔하게 발병하는 질병은 아닙니다. 설사 그러한 병에 걸려도 예전처럼 상상 이상의 치료비가 들지 않습니다. 정부에서 건강보험의 의료비 본인부담상한제(소득수준에 따라 연간 83만 원~598만 원)와 중증질환의 치료비를 덜어주는 본인일부부담금 산정특례 등 건강보험 보장을 강화했기 때문입니다.

또한 국민연금 가입자가 장애 판정을 받으면 장애연금을, 사망하면 유족연금을 지급합니다. 배우자가 사망할 때까지 가입기간에 따라 노령연금의 40~60%도 지급됩니다. 이처럼 민영보험만으로 모든 위험을 대비해야 하는 것은 아닙니다. 따라서 민영보험에는 꼭 필요한 보장항목만 남겨두면 됩니다. 지금부터 반드시 남겨 놓아야 할 핵심 보장항목을 살펴보겠습니다.

## 병원비 걱정 없는 노후를 위한 필수 보험

### 1 | 실손의료비 보험

실손의료비는 병원에서 통원 및 입원 치료를 받을 때 일정 부분의 자기부담금만 내면 치료비의 많은 부분을 보장받을 수 있는 보험입니다. 앞에서 실손의료비 보험은 갱신 보험료가 많이 오르고 있으며, 보험료 납입이 너무 부담될 때는 그 시기에 판매하는 실손의료비 보험으로 전환해야 한다고 말했습니다.

4세대로 전환해도 현재 기준으로 실제 치료비의 70~80%는 보장받을 수 있습니다. 재정 상황이 어렵다면 최소한 실손의료비 보장만 가입해도 치료비가 없어 치료받지 못하는 극단적인 위험은 피할 수 있습니다. 50대 가입금액도 월 2~3만 원 전후로 저렴하니 반드시 가입하기 바랍니다.

### 2 | 성인병 보장 항목

다음으로 꼭 필요한 항목은 암이나 뇌졸중 같은 성인병에 대한 보장입니다. 질병에 걸리면 고액의 치료비 외에도 부대비용이 필요합니다. 치료비의 많은 부분은 실손의료비로 해결할 수 있지만 중대한 질병에 걸리면 휴직에 따른 소득 중단이 발생합니다. 또한 질병을 이겨내는 과정에서 간병이 필요할 수도 있고 생각하지 못한 비용이 추가로 발생하기도 합니다. 집중적인 치료가 끝날 때까지는 목돈이 필요하므로 이에 대비해야 합니다.

과거에 실손의료비가 없을 때는 이런 중대한 질병에 걸리면 진단금으로 치료비와 부대비용을 모두 해결해야 했기에 다양한 항목을 보장해주는 보험에 가입했습니다. 하지만 지금은 실손의료비로 치료비의 많은 부분이 해결되므로 적당한 금액의 진단금만 보장하면 됩니다. 극단적 질병을 걱정하면 그만한 비용을 치러야 하기 때문에 평균적인 수준의 보장을 선택해 위험에 대비하면 됩니다.

### 3 | 가장의 사망 보장금

마지막으로 자녀가 성인이 될 때까지 경제적 가장의 사망 보장이 필요합니다. 저에게는 얼마 전 군대를 제대하고 대학교 2학년에 복학한 아이와 곧 제대해 대학교 3학년에 복학하는 아이가 있습니다. 아이들이 어릴 때 만일의 위험에 대비하지 않은 채 가장인 제가 갑자기 사망했다면 아이들은 경제적 어려움을 겪었을 것입니다. 하지만 두 아이가 성인이 된 지금은 혹시라도 제가 사망해도 그동안 모은 자산과 국민연금의 유족연금만으로 아이들과 아내가 큰 어려움 없이 살 수 있습니다. 따라서 저는 둘째 아이가 제대한 뒤에 사망보험금을 감액해 매달 나가는 보험료를 줄이고 일부는 해지환급금을 받을 예정입니다. 이 돈은 은퇴 생활비를 늘리는 데 투입하려 합니다.

이 외에도 수술비나 상해, 후유장애, 배상책임, 운전자보험 등 가족력이나 본인의 건강, 특수 상황 등을 고려해 꼭 필요하다고 판단되는 보장항목만 잘 유지하면 됩니다.

## 성인병 보장 가입 시 비갱신형이 유리합니다

보험료를 불입하는 방식에는 갱신기간을 정해 놓고 갱신할 때마다 보험료를 다시 산정해 보험료가 변동되는 '갱신형'과 처음에 정한 보험료가 납입기간 동안 변동되지 않는 '비갱신형'이 있습니다.

보험 가입자 입장에서는 실손의료비 보험처럼 반드시 갱신형으로 가입해야 하는 것이 아니라면 보험료가 변동되지 않는 비갱신형으로 가입하는 게 유리합니다. 갱신형은 불확실한 미래

환경의 변화에 따른 보험료 상승 위험을 가입자가 부담하지만 비갱신형은 보험회사가 부담하기 때문입니다.

갱신 보험료가 오르는 주요 원인은 나이와 손해율입니다. 나이가 많을수록 보험료도 높아지는데 일정 연령 이후에는 갱신할 때마다 보험료가 크게 증가합니다. 손해율은 보험회사가 받은 보험료와 실제로 지급한 보험금의 비율입니다.

예를 들어 갱신기간 동안 보험회사가 보험금으로 100원을 지급할 것으로 예상해 보험료를 정했는데 실제 보험금으로 135원이 지급되면 손해율이 그만큼 올라갑니다. 손해율이 높을수록 갱신 보험료는 상승합니다. 반대로 100원 미만의 보험금을 지급했다면 손해율이 낮아져 갱신 시 보험료를 동결하거나 할인합니다.

하지만 실손의료비 보험이 출시된 이후로 손해율이 100% 미만으로 내려간 적은 없습니다. 현재까지는 갱신 시점마다 보험료가 올라가거나 보험료를 올리지 않기 위해 보장 조건을 이전보다 안 좋게 바꾼 새로운 실손의료비 보험을 출시하는 것으로 큰 폭의 보험료 인상에 대응했습니다.

실손의료비 보험처럼 반드시 갱신형으로 가입해야 하는 상품을 제외한 대부분의 질병 관련 보장보험은 대부분 갱신형과 비갱신형 중 한 가지를 선택할 수 있습니다. 암, 뇌졸중, 심근경색과 같은 성인병과 관련한 수술 및 치료를 보장하는 항목들도 마찬가지입니다. 이 같은 보장항목은 미래의 불확실한 보험료 인상에 대한 위험을 사전에 제거하기 위해 비갱신형으로 가입하는 게 유리합니다.

강의나 상담을 하다 보면 성인병 보장을 3년 갱신형으로 가입한 사람들이 적지 않습니다. 그들 대부분은 80세나 100세까지 3년마다 보험료가 계속 갱신된다는 사실을 알지 못했습니다. 그저 적은 보험료 많은 보장을 받는 줄 알거나, '100세 만기 20년납'이라는 조건을 납기까지만 갱신하면 되는 것으로 이해하고 있었습니다. 여러분도 자신이 가입한 보험증서를 꼼꼼히 살펴보기 바랍니다. 암이나 뇌졸중 같은 성인병의 보장보험이 3년 또는 5년 갱신 조건이라면 여기에 대한 대안을 마련해야 은퇴 후에 고생하지 않습니다.

갱신형은 80세나 100세까지 약정한 기간 동안 계속 갱신 여부를 선택해야 하는데 가입할 때는 보험료가 낮지만 갱신할 때마다 보험료가 올라갑니다. 특히 일정 연령을 넘어서면 보험료가 급격하게 올라가 때로는 보험료 부담 때문에 가입자가 더 이상 갱신하지 못할 수도 있습니다.

특히 실손의료비처럼 앞으로 갱신할 때마다 보험료가 얼마나 올라갈지 모르는 보험은 리스크가 매우 높습니다.

은퇴 이전에는 보험료가 부담스러워도 소득이 있으니 보험료를 낼 수 있지만 은퇴 이후에는 충분하지 않은 은퇴 생활비에 의존하기 때문에 보험료를 내지 못할 확률이 커집니다. 실제로 은퇴 후에 보험료 납입이 어려워져 가입한 보험을 줄이거나 해지하는 경우를 많이 봤습니다. 보장성 보험은 젊을 때 상대적으로 저렴한 보험료로 가입해 은퇴 이전에 납입을 완료하는 게 최선입니다.

## 절대 100세 만기 상품으로 갈아타지 마세요

보장성 보험에 관해 강의할 때 가장 많이 듣는 질문은 80세 만기 보험을 100세 만기 보험으로 갈아타야 하지 않느냐는 것입니다. 그럴 때마다 저는 그럴 필요가 없다고 단호하게 답변합니다. 100세 시대라지만 50세 전후의 기대여명을 감안하면 실제로 100세까지 사는 사람은 여전히 적습니다.

특히 남성은 여성보다 100세까지 살 확률이 더 낮습니다. 설사 100세까지 산다고 해도 기존의 80세 만기 보험을 굳이 해지한 다음 100세 만기 보험으로 갈아타는 것보다 다른 대안을 마련하는 게 유리합니다. 갈아타는 데 드는 비용과 손해가 만만치 않기 때문입니다.

과거에 보험은 80세 만기 상품이 주를 이뤘습니다. 종신보험도 사망 보장만 종신일 뿐 부가되는 특약은 80세 만기가 일반적입니다. 그러던 중 100세 만기 상품이 출시됐습니다. 기존의 80세 만기 보험 가입자들은 100세 만기 상품을 추천한다는 설계사의 권유와 평균수명이 증가한다는 자료를 근거로 보험을 갈아타려 합니다.

저 역시 새롭게 보험에 가입하는 사람들에게는 90세 만기나 100세 만기를 추천합니다. 50세 전후에게는 기대여명이나 보험료 등을 고려해 90세 만기를 주로 추천하고, 보험료가 상대적으로 저렴한 2030세대에게는 50대보다는 100세까지 살 확률이 높으니 100세 만기를 추천합니다. 하지만 이미 오랫동안 납입한 80세 만기 보험상품을 보유한 사람들이 100세 만기로 갈아타겠다고 하면 무조건 말리는 편입니다. 여기에는 몇 가지 이유가 있습니다.

첫째, 80세 만기 보험은 지금보다 나이가 적을 때 가입해 상대적으로 보험료가 저렴합니다. 게다가 이미 오랜 시간 동안 납입해왔기 때문에 대부분 은퇴 전에 납입이 끝납니다. 이에 반해 지금 100세 만기 보험에 다시 가입하면 80세 만기 보험에 가입했을 때보다 나이가 많아 같은 보장금액이더라도 훨씬 높은 보험료를 납입해야 합니다.

비싼 보험료보다 더 큰 문제는 지금부터 20년 정도를 새롭게 납입해야 한다는 것입니다. 은퇴 이후에 생활비가 줄어드는데도 계속 비싼 보험료를 내야 한다는 뜻입니다. 물론 은퇴 이전으로 납기를 조정할 수 있지만 그만큼 보험료가 높아집니다. 여기에 지역가입자로 전환되는 건강보험료까지 더하면 큰 부담이 됩니다.

둘째, 인플레이션에 따른 화폐가치 하락으로 시간이 경과할수록 보험금의 가치가 하락합니다. 100세 만기로 갈아타도 80세 이후에 보험금 지급 사유가 생겼을 때 얻을 수 있는 이익이 80세 만기 보험을 100세 만기로 갈아타서 잃는 손실에 비해 크지 않습니다.

## 새로운 보험 가입 대신 그 돈을 따로 모아두세요

다음 표는 연평균 2%의 물가가 상승한다고 가정할 때 30세에 가입한 암 진단금 2,000만 원의 가치가 연령별로 얼마나 변하는지를 정리한 것입니다. 30세에 암 진단금 2,000만 원은 80

**물가상승률에 따른 암 진단금 2,000만 원의 연령대별 가치 변화**

| 나이 | 30세 | 50세 | 80세 | 100세 |
|---|---|---|---|---|
| 암 진단금 | 2,000만 원 | 1,335만 원 | 728만 원 | 486만 원 |

*물가상승률 연평균 2% 가정

세에 728만 원의 가치를, 100세에 486만 원의 가치를 지닙니다. 시간이 경과할수록 화폐가치가 점점 하락하는 것을 확인할 수 있습니다. 이런 변화를 감안할 때 80세 만기 상품을 보유하고 있다가 80세 이후에 암에 걸려 보험금을 받지 못하는 것보다 100세 만기로 갈아타면서 새로 보험료를 납입하는 쪽의 부담이 더욱 큽니다.

이런 말을 하면 화폐가치 하락분을 반영해 더 많은 보험에 가입하거나 보장금액을 키워야 하는 게 아니냐고 반문하는 사람도 있습니다. 평균 수준의 보상을 받을 수 있는 보험이 이미 있다면 굳이 보장이 더 나은 새로운 보험에 가입할 필요가 없습니다. 보장성 보험은 없는 사람이 가입하는 것이지 있는 사람이 또 가입하는 것이 아닙니다.

특히 은퇴를 앞둔 시점에서는 추가로 보험에 가입할 게 아니라 그 금액을 저축하거나 투자해 의료비 통장의 개념으로 관리하는 것이 낫습니다. 기존에 가입한 보험으로도 치료비가 부족하면 통장에서 필요한 만큼만 꺼내 치료비에 보태면 됩니다.

잘 가입한 보험은 매달 지불하는 비용이 생활 수준에 적정하고, 사고가 났을 때 보장된 금액을 빠른 시간 내에 지급해주는 보험을 의미합니다. 이런 보험은 해지할 필요가 없습니다. 저렴한 금액에 내가 겪을 수 있는 불의의 사고를 100% 완벽하게 보장할 수 있는 보험은 없습니다.

핵심보장 위주로 잘 가입한 보험이라 하더라도 시간이 경과할수록 물가상승에 따른 화폐가치 하락 때문에 보장 금액은 줄어듭니다. 그렇다고 그 부족함을 메우기 위해 계속 보험에 가입할 수는 없습니다. 만일의 경우에 대비하는 것도 좋지만 반드시 찾아올 미래를 위해 준비할 것이 더 많기 때문입니다.

100세 보장으로 갈아타는 것보다 은퇴할 즈음에 3,000만 원 정도를 의료비 용도로 따로 떼어놓고 다른 용도로 쓰지 않도록 잘 관리하는 게 낫습니다.

오 부장의 맞춤 은퇴 과외 6

## 아플 일은 늘어나겠지만 보험료는 줄이고 싶습니다

우리 가족은 매달 100만 원가량을 보험료로 지출하고 있습니다. 부부 모두 암 가족력이 있어 젊을 때부터 신경쓰다 보니 비싼 보험에 가입했습니다. 지금이라도 꼭 필요한 것만 남기고 정리해 최소한의 보험료로 퇴직 후에도 계속 유지할 수 있도록 조언을 구합니다.

부부와 자녀 둘을 포함한 가족종합보험(50만 원), 저의 종신보험(20만 원), 부부의 암보험(15만 원), 주택화재보험(2만 원), 운전자보험(2만 원)과 자동차보험(연 80만 원), 가입한 줄도 몰랐던 골프보험(5만 원)이 있습니다.

### 1 | 보험 이것만 남기고 정리하세요, 핵심보장 위주로

그동안 낸 보험료를 생각하면 속이 쓰릴 것입니다. 하지만 퇴직 후에도 같은 수준의 보험료를 계속 낼 수는 없습니다. 결국 어느 시점에 포기할 수밖에 없는데 시간이 지날수록 손해는 더욱 커집니다. 지금이라도 핵심 보장만 추려내야 합니다.

암이나 성인병처럼 치료비 등의 비용이 많이 나오는 종합보장 내역은 부부 모두에게 필요합니다. 대신 암보험은 해지해도 됩니다. 종합보험에서 이미 부부의 암, 성인병에 대한 진단비용을 충분히 보장하기 때문입니다. 또 2017년부터 추진된 국민건강보험 보장성 강화로 병원비 부담이 줄어든 것을 감안했을 때 종합보험의 보장금액만으로도 충분합니다. 종합보험에 포함된 실손의료비 보험도 치료비가 없어 병원에 가지 못하는 불상사를 대비할 수 있는 최소한의 방어 수단이라 노후에 필수입니다.

### 2 | 종신보험은 해지하고 10년짜리 정기보험에 가입하세요

오 부장님의 사망 보장은 현재 고2인 둘째가 독립할 나이가 될 때까지 필요합니다. 다만 현재 매월 20만 원씩 불입하는 종신보험은 너무 비싸므로 해지하고 앞으로 10년만 기간을 정해 보장받을 수 있는 정기보험에 새로 가입하기 바랍니다.

보험료는 대략 종신보험의 4분의 1 정도입니다. 국민연금에도 유족연금이라는 보장 기능이 있으니 이 점도 감안하기 바랍니다.

### 3 | 종합보험에서 불필요한 특약은 삭제하세요

오 부장님은 가족의 종합보험료로 매월 50만 원을 납입하고 있습니다. 보장 내용 중에는 불필요한 특약이 많습니다. 다행히 보험은 반드시 가입해야 하는 의무특약 외의 다른 특약들은 언제든지 덜어낼 수 있습니다. 불필요한 특약만 삭제해도 보험료를 많이 줄일 수 있습니다.

### 3 | 기타보험 관리 팁

화재보험은 요즘처럼 사건사고가 많은 시기에 꼭 필요합니다. 아파트에서 집단으로 가입한 화재보험은 보장금액이 부족하므로 개인적으로 보완할 필요가 있습니다. 다만 앞으로 재가입할 때는 매월 납입하고 만기 때 환급금을 돌려받는 환급형보다 가입할 때 일시금으로 납입하고 만기에 환급금이 없는 유형을 선택하는 게 좋습니다.

골프보험은 반드시 해지하기 바라며, 방어보험인 운전자보험의 보험료도 줄일 수 있습니다. 운전자보험은 교통사고처리지원금, 변호사선임비용, 벌금 이 세 가지가 핵심입니다. 자동차보험의 특약으로 포함시켜도 되고 5,000원 미만의 최소보험료로 가입할 수 있는 보험회사 상품도 있습니다.

### 4 | 보험의 해지환급금은 따로 모아두세요

이렇게 보험을 정리하면 해지환급금을 받게 됩니다. 이 돈은 비상금으로 확보해두기 바랍니다. 퇴직 후에는 대출이 쉽지 않고 언제 어떤 일이 생길지 모릅니다. 상황이 안정될 때까지 비상금으로 가지고 있다가 퇴직 후 생활 예측이 가능해지면 그때 효과적으로 사용하기 바랍니다.

7장

# 상속과 증여,
# 준비하지 않으면
# 가족이 고생합니다

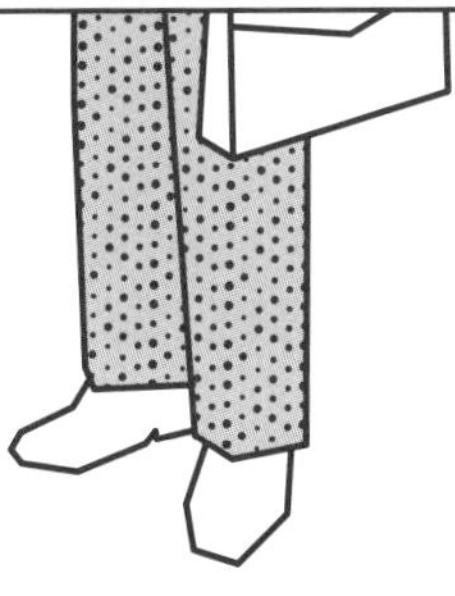

## 죽을 때까지 재산을 쥐고 있어야 대접받을 거라는 착각

기업에서 은퇴 재무설계 강의를 할 때면 상속이나 증여에 대한 내용을 꼭 다뤄달라는 요청을 받습니다. 과거에 상속과 증여는 부자들만의 이야기였지만 이제는 우리가 모르면 안 되는 이야기가 되었습니다. 부모로부터 자산을 상속받고, 소득이 높아지고, 보유한 자산 가격이 상승하면서 상속세나 증여세를 신경 써야 하는 평범한 직장인이 늘고 있습니다.

상속세나 증여세는 누진세이기 때문에 상속자산이나 증여자산이 많으면 많을수록 고율의 세금이 부과됩니다. 2000년 이후로 상속세나 증여세를 완화하자는 의견이 정부나 정치권에서 꾸준히 제기되었지만 실제로 세금을 납부하는 상속인이 아직까지도 극소수이고 대표적인 부자 세금으로 인식되면서 상속세나 증여세 과세표준은 변하지 않고 있습니다.

종종 국세청이 세무조사를 통해 상속세나 증여세를 탈세한 사람들을 고발조치 한다는 뉴스를 접하곤 합니다. 상상조차 힘든 그들의 탈세 수법을 보면 평범한 직장인들에게는 전혀 상관없는 일처럼 여겨집니다.

하지만 이제는 평범한 직장인들도 부모나 조부모로부터 상속이나 증여를 받는 경우가 꾸준히 증가하고 있습니다. 이 경우 상속세와 증여세 납부에 관한 조사가 이루어지는데 세금에 관해 잘 모르는 사람들이 탈세로 간주돼 추가로 고율의 가산세를 추징당하기도 합니다.

세상에 세금을 많이 내고 싶어 하는 사람은 없습니다. 대부분 절세를 간절히 원합니다. 특히나 상속세는 세금 비율이 높은 편이어서 막상 세금을 내려고 하면 그 금액이 상당히 크게 느껴집니다. 저 역시 상속세를 내면서 아깝다는 생각이 들었습니다. 지금까지 행복한 노후를 위한 은퇴 생활비를 준비하는 방법을 함께 고민했습니다. 그리고 이제는 그동안 애써 쌓아올린 부를 자녀에게 건강히 물려주고 가족 모두가 잘 살 수 있는 방법을 고민해야 합니다.

상속이나 증여는 하루라도 빨리 계획을 잘 세우고 실천하면 충분히 절세가 가능합니다. 대신 적정 시기를 놓치면 절세 방법도 함께 놓치고 맙니다. 이 경우 남은 가족이 세금으로 고생해야 합니다. 지금부터 왜 상속이나 증여를 미리 준비해야 하는지, 어떤 이득이 있는지 살펴보겠습니다.

## 핵심은 시간을 두고 재산을 줄이는 것

우리가 연말정산을 할 때 인적공제나 특별공제를 적용받듯이 상속세를 신고할 때도 세금공제를 받을 수 있습니다. 사망으로 상속이 개시될 때 상속인은 기초공제, 기타 인적공제 등 공제 방식을 선택할 수 있는데 대부분은 일괄공제를 받습니다.

일괄공제 한도는 배우자가 살아있을 때 10억 원, 배우자가 없고 자녀만 있을 때는 5억 원입니다. 즉 부모 중에 한 명이 살아있고 자녀도 있을 때는 상속재산이 10억 원을 초과하면 상속세를 납부해야 하고, 자녀만 있을 때는 상속재산이 5억 원을 초과하면 상속세를 납부해야 합니다. 20여 년 전만 해도 10억 원을 보유하면 자산 상위의 부자였습니다. 하지만 서울 아파트 중위

매매가격이 10억 8,984만 원인 2022년(9월 기준)에는 더 이상 부자가 아닙니다. 이는 서울이나 수도권에 집 한 채만 가지고 있어도 상속세를 걱정해야 하는 시대가 왔다는 뜻입니다.

이제 상속이나 증여는 자산 상위 부자들만의 이야기가 아닙니다. 나와는 상관없는 이야기라며 무방비 상태로 지내다가는 남들보다 훨씬 많은 세금을 내면서 아까움의 눈물을 흘려야 할지도 모릅니다. 이런 후회를 하지 않으려면 평소에 상속 및 증여 계획을 잘 세워두고 실천해야 합니다.

상속세 절세는 사망이 발생했을 때 준비하는 것이 아니라 긴 시간을 두고 합법적으로 상속재산을 줄여놓는 것입니다. 그래야 실제 상속이 발생했을 때 세금을 줄일 수 있습니다.

자녀와 후손에게 물려줄 재산이 있는 고령층과 상담을 하면 이렇게 세금이 많이 나올 줄 몰랐다며 미리미리 증여해주지 않은 것을 후회하는 모습을 자주 볼 수 있습니다. 속된 말로 노년의 부모들에게는 눈감는 순간까지 재산을 쥐고 있어야 자녀에게 대접받을 수 있다는 마음이 저변에 깔려 있습니다. 이런 생각 때문에 상속이나 증여를 차일피일 미루다가 애써 모은 재산을 세금으로 다 뺏기게 됐다고 한탄하는 사람이 많습니다.

## 자녀 간의 영원한 우애는 부모가 만듭니다

상속자 간 다툼은 상속재산의 규모에 관계없이 흔히 벌어집니다. 법에서 정한 상속지분이 있으니 그 비율대로 나누면 싸울 일이 없을 거라 생각하겠지만 현실은 다릅니다. 각자가 주장하는 공평함의 기준이 모두 다르기 때문입니다.

과거에 사업자금을 받아간 장남, 긴 시간 투병한 부모를 간병한 차녀, 오래전에 말썽부리고 집을 나간 막내 등 가정마다 얽힌 다양한 사연이 있습니다. 그러다 보니 모두가 만족할 만한 재산 분배가 어렵고 소송까지 불사하며 피터지게 싸우기도 합니다. 상속재산의 공평한 분배가 쉽지 않은 만큼 부모가 미리 상속 계획을 세우고 추진해야 자녀들의 분쟁을 줄일 수 있습니다.

상속재산 배분이 끝나면 다음에는 상속세 납부 방법을 고민해야 합니다. 상속세는 과정이 복잡하고 세금 부과 비중도 높은 편입니다. 미리 준비하면 세금을 많이 줄일 수 있지만 상속이라는 특성상 사전 준비가 쉽지만은 않습니다.

상속이나 증여는 재산을 이전하는 과정으로 대부분 부모로부터 자녀에게 재산이 옮겨갑니다. 그러다보니 아무리 절세를 위해서라고 해도 자녀가 먼저 부모에게 상속이나 증여에 대해 말을 꺼내기 어렵습니다. 자칫 부모의 재산을 탐내는 것으로 오해받을 수 있기 때문입니다. 그렇게 유야무야 시간만 흐르고 절세를 위한 골든타임을 놓치는 경우가 많습니다. 이들은 부모의 사망 후 상속세를 정리하며 생각보다 많은 세금에 놀라고 깊은 탄식을 내뱉습니다.

자녀에게 물려줄 재산이 있다면 훗날 자녀가 상속세 때문에 걱정하지 않도록 미리 신경 써야 합니다. 최소한의 세금과 최대한의 상속을 목표로 주도면밀하게 자산 이전 계획을 세우고 실천하는 것입니다. 우리나라 부모들은 전 세계에서 교육열이 높기로 유명합니다. 무리를 해서라도 자녀의 교육에 많은 비용을 들이는 것은 결국 아이들이 좋은 대학에 들어가 원하는 직업을 갖고 잘 살기를 바라는 마음에서 비롯한 것입니다. 열심히 모은 자산을 자녀에게 잘 물려주려는 부모의 노력 또한 같은 마음이라고 생각합니다.

## 상속·증여를 위한 10년 계획 세우기

상속세나 증여세를 절세할 때는 '10년 계획'이 필요합니다. 증여세 면제한도가 미성년자는 10년에 2,000만 원, 성년자는 5,000만 원이기 때문입니다. 이 금액까지는 세금이 없으므로 조기에 '10년 계획'을 세우고 증여를 시작하면 합법적으로 세금을 내지 않고 자녀에게 증여할 수 있는 누적 재산이 증가합니다.

예를 들어 자녀가 태어나자마자 증여를 시작하면 30대 중반까지 1억 4,000만 원을 세금 없이 증여할 수 있습니다. 그런데 30대 중반에 처음 증여를 시작하면 세금 없이 증여 가능한 금액은 5,000만 원뿐입니다. 한번에 1억 4,000만 원을 증여하면 면세한도 초과금액인 9,000만 원에 대해서는 900만 원의 증여세를 납부해야 합니다.

## 조기 증여의 장점

조기 증여의 장점은 단순히 증여세를 아끼는 정도에서 끝나지 않습니다. 자녀가 증여받은 자산을 잘 불려 수익을 낼 경우 그 수익에 대해서는 세금을 내지 않아도 됩니다. 가령 태어나자마자 자녀에게 자산 증여를 시작해 30대 중반까지 총 1억 4,000만 원을 주었고, 자녀가 이 재산을 주식에 투자해 5억 원으로 불릴 수도 있습니다.

이때 자녀는 금융상품 가입으로 얻은 수익에 대해 소득세만 납부하면 됩니다. 만일 부모가 자녀에게 증여하는 대신 직접 주식에 투자해 5억 원으로 불린 뒤 이를 자녀에게 증여하면 어떻게 될까요? 5억 원 전체가 상속자산이 되므로 단순히 일괄공제 한도를 초과한 5억 원에 대해 9,000만 원의 증여세를 내야 합니다. 이제 조기 증여로 절세한다는 말의 의미를 이해했을 것입니다.

제 지인은 부모에게서 재산을 상속받으면서 꽤 많은 상속세를 내야 했습니다. 부모님 생전에 상속세를 절세하지 못한 것을 아쉬워하던 그는 자신의 아들이 대학에 진학하자마자 증여세 면제한도인 5,000만 원을 증여했습니다. 평소 경제나 투자에 관심이 많았던 아들은 증여받은 돈을 종자돈 삼아 펀드와 주식 등에 투자했고 5,000만 원은 10년 후 3억 원이 되었습니다. 아들은 2020년 말에 도봉구 창동의 32평 아파트를 전세금 5억 5,000만 원을 끼고 8억 원에 매수했습니다. 이 아파트의 현재 시세는 10억 원 정도입니다.

주택 매매당시 31세였던 지인의 아들은 고가 주택 매입자금이 증여로 의심돼 자금출처조사를 받았습니다. 하지만 부모로부터 증여받은 통장과 급여통장, 투자통장 그리고 전세계약서 등 자금출처에 대한 증빙을 확실히 챙겨 세무서에 제출했고 아무 문제없이 조사를 마쳤습니다. 아들은 현재 미혼으로 부모와 함께 살면서 직장에 다니고 있으며 결혼할 때 배우자의 자산 상황에 따라 여건이 된다면 자신이 매입한 아파트에 들어가 살 생각이라고 합니다. 지인은 10년 전에 증여한 5,000만 원으로 결혼자금을 퉁쳤다며 아들 이야기가 나올 때마다 늘 싱글벙글합니다.

물론 이는 사전증여가 재테크의 성공으로 이어진 흔치 않은 사례입니다. 평소 경제나 투자에 관심이 많았던 덕분에 적극적으로 자산을 불릴 수 있었고, 주택을 매수하기 전에 보유하고 있던 주식이 급상승해 운도 좋았습니다. 강의에서 이 사례를 이야기하면 자녀에게 미리 증여했다가 그 돈을 다 써버리거나 잘못 투자해 잃으면 어떻게 하느냐는 걱정이 가장 먼저 돌아옵니다. 물론 그럴 가능성도 있습니다. 하지만 부모가 관심을 가지고 지속적으로 자녀와 대화를 해나가다 보면 종잣돈을 잃지 않으면서 수익도 낼 수 있는 안전자산에 투자할 방법을 찾을 수 있습니다.

만약 지인이 5,000만 원을 아들에게 증여하지 않고 본인이 직접 자산을 불렸다면 어떻게 됐을까요? 나중에 아들에게 상속할 금액은 늘었겠지만 이는 고스란히 상속재산에 포함돼 누진세율을 적용받게 될 것입니다. 실제로 상속이 개시되면 아들은 많은 세금을 내야 합니다.

이 외에도 사전증여를 통해 자산을 줄이면 금융소득이 1인당 2,000만 원을 초과할 때 적용되는 금융소득종합과세도 피할 수 있고 재산이나 소득으로 부과되는 건강보험료도 아낄 수 있습니다. 모든 사람에게 해당되지는 않겠지만 대상이 된다면 사

**상속세율과 증여세율**

| 과세표준 | 세율 | 누진 공제액 |
|---|---|---|
| 1억 원 이하 | 10% | - |
| 1억 원 초과~5억 원 이하 | 20% | 1,000만 원 |
| 5억 원 초과~10억 원 이하 | 30% | 6,000만 원 |
| 10억 원 초과~30억 원 이하 | 40% | 1억 6,000만 원 |
| 30억 원 초과 | 50% | 4억 6,000만 원 |

전증여로 절세효과를 비롯한 많은 이익을 얻게 될 것입니다.

위의 표는 상속이나 증여받는 재산에 따라 적용하는 상속세율과 증여세율을 정리한 것입니다. 상속과 증여 모두 금액 구간별 세율이 동일하며 물려받는 재산이 많을수록 세율도 높아집니다. 예를 들어 10억 원을 상속이나 증여받는다면 이 금액의 30%인 3억 원의 세금이 부과됩니다. 여기서 누진공제액 6,000만 원을 제하면 2억 4,000만 원의 산출세액이 계산되는데 이 세금을 정해진 기한에 납부해야 합니다.

## 굳이 사전증여가 필요하냐고요? 그렇습니다

간혹 상속세율이나 증여세율이 같은데 굳이 사전증여를 해야 하냐고 묻는 사람들이 있습니다. 만약 상속재산이 일괄공제를 제하고 10억 원이라고 가정하면 앞에서 계산한대로 2억 4,000만 원을 상속세로 납부해야 합니다.

그런데 10년 전에 25세의 딸에게 처음으로 5억 원을 사전에 증여했고 이번에 상속이 개시되면서 5억 원을 물려준다고 가정해보겠습니다. 먼저 증여세는 5억 원에서 성년자 증여세 면제 한도인 5,000만 원을 제외하면 증여세 과세표준은 4억 5,000만 원입니다. 이 금액에 세율 20%를 적용하면 9,000만 원이고, 누진공제액 1,000만 원을 제하면 실제 증여세로 납부해야 하는 금액은 8,000만 원입니다. 상속세 과세표준 5억 원에 대해서는 20%를 곱하면 1억 원이고 여기서 누진공제액 1,000만 원을 빼주면 상속세로 9,000만 원을 납부해야 합니다. 10년 전에 납입한 증여세 8,000만 원에 현재 납부해야할 상속세 9,000만 원을 더하면 총 세금은 1억 7,000만 원입니다.

사전증여 없이 상속만 할 경우에는 2억 4,000만 원을 세금으로 납부해야 합니다. 이에 비해 10년 전에 5억 원을 사전증여하

**10억을 자녀에게 물려줄 때 사전증여와 상속의 세금 차이**

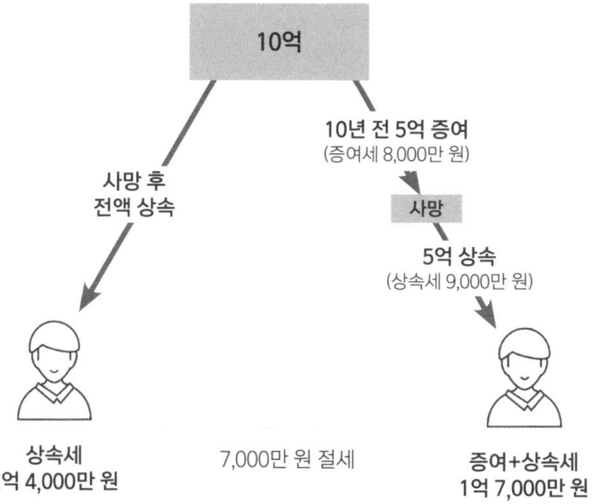


면 총 세금으로 1억 7,000만 원을 납부하면 됩니다. 무려 7,000만 원을 절세할 수 있는 것입니다. 게다가 딸이 10년 전에 사전증여 받은 5억 원을 투자해 자산을 늘렸다면 불어난 금액은 추가 이득이 됩니다.

참고로 증여한 날로부터 10년 이내에 증여자인 부모가 사망하면 사전증여한 5억 원은 상속재산에 합산돼 누진세로 과세됩니다. 이 또한 조기 증여가 얼마나 중요한지 알 수 있는 규정입니다.

## 자산 폭락기에 증여는 일거양득

2021년 개정판을 낸 《내 통장 사용설명서 3.0》을 집필할 때만 해도 자산시장에 거품이 많이 끼어 있었습니다. 저는 책에서 언제가 될지는 모르지만 반드시 거품이 꺼질 것이니 낙담하지 말고 자산을 차곡차곡 모아 가다보면 반드시 기회가 온다고 위로했습니다. 그로부터 불과 1년도 채 지나지 않아 인플레이션의 영향으로 금리가 큰 폭으로 상승하고 있고 주식시장은 폭락 중이며 부동산 시장도 좋지 않습니다.

요즘 강의에서 주식에 관해 이야기를 하면 허탈하게 웃는 사람이 많습니다. 이제 우리나라도 주식투자자 비율이 상당히 높은데 이들 중 대다수가 수익률이 좋지 않거나 손실을 보고 있어 비자발적 장기투자자가 된 상황입니다. 손실이 크지 않을 때는 걱정을 많이 하지만 손쓸 수 없을 정도로 손실이 심각할 때는 대부분 체념합니다.

이런 상황이기 때문에 저는 농담 반 진담 반으로 폭락 중인 주식계좌를 보면서 속앓이 하지 말고 이럴 때 자녀에게 폭락한 주식을 증여하면 마음이 한결 편해질 것라고 이야기합니다. 단순히 상속이나 증여의 목적이 아니라 몇 년 후 자녀를 위한 결혼자금 지원 대신 주식을 사전증여하는 것입니다. 훗날 수익률이 회복되면 자녀에게 큰 보탬이 될 것입니다.

성인자녀 기준 증여세 면제한도는 5,000만 원입니다. 지금 폭락한 주식이 수익률을 회복했을 때 매도해 증여하면 자칫 면제한도를 넘겨 증여세를 부과해야 할 수도 있습니다. 그보다는 면제한도 범위 내에서 최대한 폭락한 주식을 증여하고 시간에 맡기면 주식시장이 좋아졌을 때 회복금과 수익금만큼 자녀에게 세금 없이 증여한 효과를 얻게 됩니다.

상속이나 증여를 고려할 때 가장 중요한 것은 재산의 내역을 파악하고 평가하는 일입니다. 현금은 액면 그대로 평가하면 되지만 주식이나 부동산은 누구나 인정하고 동의할 수 있는 평가기준이 정해져 있습니다.

상장주식은 증여일 앞뒤로 2개월의 당일 마지막 체결가격인 종가를 평균해서 증여재산가액으로 합니다. 총 4개월의 주식가격으로 평균을 내는 것입니다. 10월 12일에 증여를 한다면 2개월 전인 8월 13일부터 2개월 후인 12월 11일까지의 종가를 평균한 금액이 한 주당 가액이고 여기에 증여할 주식수량을 곱하면 증여재산가액이 됩니다. 과거의 주가는 이미 확정되어 있지만 2개월 뒤의 주가는 알 수 없습니다.

만약 증여일인 10월 13일 이후에 주가가 큰 폭으로 상승하거나 하락하면 증여 취소를 고민해볼 수 있습니다. 주가가 큰 폭으로 상승하면 증여세를 낼 수도 있고 큰 폭으로 하락하면 증여금액을 낮춰 세금 없이 증여할 수 있는 금액이 더 늘어날 수 있기 때문입니다. 증여 취소는 증여일이 속하는 달의 마지막 날로부터 3개월 이내에 가능합니다. 10월 12일이 증여일이라고 하면 다음해 1월 말까지 증여 취소를 할 수 있습니다.

아파트나 토지 등의 부동산은 시가로 평가하는 것이 원칙입니다. 시가를 찾기 어렵다면 감정가액, 수용, 경매, 공매가격 그리고 유사매매 사례가액으로 평가합니다. 실제로 부동산은 시가가 없는 경우가 많습니다. 이때는 범위를 넓혀 평가기간 내에 유사한 재산의 매매, 감정, 수용, 공매가액이 있다면 그 가액을 시가로 보는데 이런 가액을 유사매매 사례가액이라고 합니다.

예를 들어 증여하는 아파트가 장미아파트 111동 803호라면 같은 111동의 다른 호수나 다른 동 또는 단지까지 유사한 가액을 찾아야 합니다. 이런 내용은 전문적인 분야이므로 아파트나 토지 등 부동산을 증여할 계획이 있다면 능력 있는 세무사를 찾아 상담 받는 것이 좋습니다. 실제로 어떤 세무사를 만나느냐에 따라 내는 세금이 달라지기도 합니다.

상속은 우연한 사망으로 정해지기 때문에 자산시장 동향 파악이 절대적이지는 않습니다. 하지만 증여는 조금 다릅니다. 현금증여는 자산시장의 동향에 상관없이 언제든지 가능하지만 부동산이나 주식 같은 자산은 자산시장이 앞으로 어떻게 변동할지에 대해 관심을 가져야 좋은 가격에 증여하고 절세할 수 있습니다. 2021년처럼 모든 자산에 거품이 끼어 있는 시기보다는 지금처럼 자산시장이 폭락한 시기가 세금을 아낄 수 있는 좋은 증여 시점입니다.

## 부모님이 상속에 대해 조금 더 아셨다면…

최근 몇 년간 자산 가격이 가파르게 상승하면서 이제는 상속세 납부가 부의 척도로 여겨지지 않습니다. 그러다보니 평범한 직장인도 세무사와 상담을 통해 자녀에게 부를 이전할 준비를 하고 있습니다. 남은 가족을 위해 본인의 사후 상속세를 줄일 방법을 준비하고 조기 증여로 자녀들이 조금이라도 빨리 경제적으로 안정되기를 바라기 때문입니다.

50대 후반의 정수남 씨는 당시 시가로 35억의 자산을 보유하고 있었습니다. 아내, 20대의 아들딸과 서울 송파구 아파트에서 살고 있던 그는 자산이 일정 수준을 넘어서고 앞으로도 계속 증가할 것이라 판단한 50대 초반부터 상속과 증여에 관심을 갖고 세무사와 정기적으로 상담을 해왔습니다.

이미 두 자녀에게 증여세 면제한도로 증여한 그는 조만간 두 자녀에게 한 번 더 증여를 할 계획입니다. 시가 18억 원의 아파트는 보유세도 아끼고 부부 중 한 사람의 혹시 모를 갑작스런 사망에 대비해 상속세가 적게 나오도록 아내와 공동명의로 해 놓았습니다. 앞으로 자녀들이 직장에 들어가 증여세를 낼 경제적 능력을 갖추면 어느 정도 증여세를 납부하더라도 좀 더 많은 재산을 증여할 계획입니다. 부부의 은퇴 생활비는 충분히 마련해 놓았기 때문에 이제 남은 목표는 아이들이 빠르게 경제적으로 안정될 수 있게 도와주는 것이라고 합니다.

반면 20대 후반의 조용수 씨는 지난해에 50대 후반의 아버지가 갑자기 사망하면서 상속 문제를 상의하기 위해 저를 찾아왔습니다, 아버지가 남긴 재산은 아파트를 포함해 대략 20억 원 정도인데 절세 방법이 없겠느냐는 게 상담의 주요 내용이었습니다.

안타깝게도 피상속자가 이미 사망한 뒤 절세할 수 있는 방법은 거의 없습니다. 상속세를 신고할 때 아버지 통장의 인출내역 중 큰 금액은 세무서에 소명해야 하니 잘 준비하라는 것으로 상담은 끝났습니다.

정수남 씨는 자산 증가가 확실시 되는 50대 초반부터 상속이나 증여에 관심을 갖고 적극적으로 대응해 절세를 하고 있습니다. 그는 앞으로도 치밀한 계획을 세워 많은 세금을 아낄 것으로 예상됩니다. 그에 반해 조용수 씨의 아버지는 상속세에 대한 아무런 준비 없이 갑자기 사망해 그의 자산을 물려받을 가족들이 세금을 아낄 기회가 전혀 없었습니다. 물론 20억 원이라는 큰 자산을 남겼고 이는 남은 가족에게 큰 보탬이 될 것입니다. 하지만 내지 않을 수도 있었던 세금까지 내게 된 것에는 아쉬움이 남을 수밖에 없습니다.

## 상속과 증여, 자녀는 먼저 꺼내기 어려운 주제입니다

두 사례에서 알 수 있듯이 상속할 재산이 있다고 판단될 때부터 상속이나 증여 방법에 관심을 가져야 합니다. 상속과 증여는 자녀가 먼저 부모에게 말할 수 없는 민감한 이야기입니다. 때문에 부모가 우선적으로 자녀에게 합법적으로 재산을 이전해야겠다는 마음을 가져야 합니다. 사망이 가까워졌을 때 증여하기보다는 미래에 상속세를 납부할 만큼의 여력을 갖출 것이라 예상할 때 조기 증여를 시작하는 것이 유리합니다. 그 결과는 미래의 세금을 아끼는 동시에 자녀가 경제적으로 일찍 자립할 수 있는 기반을 만들어줄 것입니다.

부모는 자녀가 스스로 살아갈 수 있는 기반을 마련해주었다는 사실에 만족하고 자녀는 부모의 조기 지원으로 자립할 수 있는 기반이 생겼다는 사실에 감사할 것입니다. 부모와 자녀가 서로를 위해 노력하니 가정이 화목해지지 않을 수 없습니다. 세금과 건강보험료 절약은 덤입니다.

마지막으로 상속과 증여에 관한 잘못된 정보를 맹신하지 않기 바랍니다. "자녀에게 생활비를 지원하는 것은 증여가 아니다", "증여세 면제한도를 넘어 증여를 했지만 세금을 한 푼도 내지 않았다", "세금 안 내고 5년만 버티면 된다" 등 상속과 증여를 둘러싼 검증되지 않은 다양한 이야기가 돌아다닙니다. 자칫 잘못된 정보를 믿었다가 세금폭탄을 맞게 될지도 모릅니다. 이때는 누구도 원망할 수 없습니다. 모든 것은 제대로 확인해보지 않은 자신의 책임입니다.

국세청이 모든 사람들의 돈의 흐름을 실시간으로 파악해 증여가 이뤄질 때마다 과세하는 것은 아닙니다. 그럴 여력도 없습니다. 죄질이 나쁘거나 대규모의 탈세를 했을 때 자금을 추적하는 것은 당연한 일이지만 평범한 사람들까지 실시간으로 조사하지는 않습니다. 국세청의 진짜 세무조사는 사후 상속이 발생해 상속세를 신고할 때나 자녀가 주택을 매수했을 때의 자금출처 조사 등 특별한 사유가 발생했을 때 이루어집니다. 이때 가족과 같은 특수관계인 사이에 오고간 돈의 흐름에 대해 입증하지 못하면 세금이 추징되고 실제 증여가 이루어진 시점보다 시간이 많이 흘렀기 때문에 페널티인 가산세까지 물게 됩니다.

따라서 지금 당장은 아니어도 앞으로 상속할 자산이 만들어질 거라고 예상된다면 그 시점부터 부부가 함께 상속이나 증여에 대한 구체적인 계획을 세워야 합니다. 그러려면 시중에 떠도는 속설만 믿지 말고 실제 전문 세무사와 상담을 통해 계획을 수립하고 절세 방법을 지도 받아 바로 실천해야 합니다.

8장

# 노후 현금흐름을 늘리는 은퇴 재무설계 워크숍

## 노후 현금흐름, 준비하면 늘어납니다

이번 장은 제가 은퇴 재무수업에서 가장 공들이는 과정입니다. 저는 강의 후반부에 수강생과 함께 각자 노후의 현금흐름을 파악하고 재무계획을 작성합니다. 제 강의의 진정한 은퇴 준비는 이 과정을 통해 완성됩니다.

치밀하게 계획하고 준비해도 예상처럼 굴러가지 않는 것이 은퇴생활인데 막연한 관심만으로는 편안한 노후를 맞이할 수 없습니다. 돈 걱정 없는 노후를 위해서는 가장 먼저 자신의 상황을 정확하게 파악해야 합니다.

이제 은퇴 시점은 사회가 아니라 스스로 정하는 시대입니다.

물론 희망과 현실의 차이가 클 수도 있습니다. 하지만 그 차이는 직장에서 퇴직하기 전에 앞날에 대해 얼마나 구체적으로 계획을 세우고 열심히 준비하느냐에 달려 있습니다. 오늘 닥친 일에만 몰두하다 아무 생각 없이 퇴직을 맞이한다면 내가 주도하는 능동적인 은퇴생활이 아니라 불안감과 당혹감을 가득 품은 채 수동적으로 끌려 다니는 은퇴생활을 맞이해야 합니다.

퇴직 이후에도 계속 일하려는 이유는 은퇴 생활비를 벌기 위해서이기도 하지만 일하는 즐거움을 통해 정신적 · 신체적 활력을 유지하기 위한 것이기도 합니다. 은퇴 생활비가 크게 부족하지 않더라도 노동의 긍정적인 효과 때문에 계속해서 일하고 싶어 하는 것입니다.

따라서 희망하는 일자리와 근무 시간에도 차이가 있습니다. 일반 직장처럼 전일제를 원하는 사람도 많지만 나이 들수록 자신의 체력과 건강 상태에 맞는 강도로 일하면서 나머지 시간에는 취미나 여가 활동을 즐길 수 있는 시간제 근무를 선호하는 사람들도 많습니다.

NH투자증권 100세시대연구소에서 2018년에 발간한 〈100세 시대 행복리포트〉 50+세대 특집호에 따르면 고령층이 일자리를 선택할 때 가장 고려하는 조건은 일의 양과 시간대

(27.6%)였습니다. 그다음이 임금 수준(24.2%)입니다. 이들이 희망하는 월평균 급여는 150만~200만 원(24.4%)이 가장 많고 다음은 100만~150만 원(23.0%)입니다. 두 가지 데이터만으로도 정년퇴직 후의 일자리에 대한 기대 수준이 퇴직 전과 크게 다르다는 것을 확인할 수 있습니다.

누구에게나 똑같이 적용되는 정답지는 없습니다. 자신의 의지나 환경 그리고 지금까지 준비해온 것과 앞으로 준비할 수 있는 최선에 따라 다른 정답지가 만들어질 것입니다.

모든 사람이 은퇴라는 답안지를 작성해야 하지만 나만의 정답지를 만들기 위해서는 이제부터 이야기할 은퇴 재무설계 과정을 실천해야 합니다.

실제 강의에서 저와 함께 이 계획을 차근차근 세워나간 수강생들은 노후에 대한 두려움이 사라지고 당장 실행해야 할 것들을 계획하며 마음이 바쁘다고 이야기합니다. 한 단계씩 앞으로 나아갈 때마다 미래에 대한 막연한 불안과 모호함이 희망과 자신감으로 바뀔 것입니다.

은퇴 재무설계 워크숍 Step 1

# 노후 생활비 점검하기

대기업부터 중소기업, 지방자치단체 등 다양한 곳에서 은퇴 재무설계에 관한 강의를 했습니다. 당연하게도 기업마다 급여와 복지 수준은 크게 달랐습니다. 연봉이 높기로 유명한 기업의 직원들은 퇴직 전에 국민연금, 퇴직연금, 개인연금 등을 미리미리 준비하고 있는 경우가 많았습니다. 상대적으로 연봉이 낮은 기업의 직원들은 준비가 부족한 편이었습니다.

국민연금은 매달 급여의 9%를 적립합니다. DB형 퇴직연금은 퇴직 전 3개월의 평균임금에 근속연수를 곱해 퇴직할 때 지급하며, DC형 퇴직연금은 연간 임금의 12분의 1 이상을 매년 직원들의 연금 계좌로 납입합니다. 급여가 많을수록 국민연금이나 퇴직연금 적립액도 큽니다. 개인연금은 선택에 따라 규모가 다르지만 대체로 월급을 많이 받는 사람들이 더 많이 적립할 가능성이 높습니다.

사람들은 3대 연금이 이 같은 구조로 적립되는 것은 어느 정도 알고 있지만 은퇴 후 실제로 수령할 연금이 몇 세부터 개시되는지, 매월 어느 정도의 금액을 수령하는지를 제대로 아는 사람이 많지 않았습니다. 결국 미래를 위한 재무설계에 관한 관심은 수입의 많고 적음보다 퇴직 시점이 얼마나 가까워졌느냐에 따라 크고 작음이 결정되는 것이 현실입니다.

### 1 | 통합연금포털에서 연금 계약정보와 예시 연금액 확인

먼저 국민연금, 퇴직연금, 개인연금의 가입 현황을 살펴봐야 합니다. 연금 개시일은 언제이고 매월 수령하는 금액의 정확한 확인이 필요합니다. 그런데 일일이 연금 가입정보를 파악하는 과정은 복잡하고 어렵습니다.

이럴 때 유용한 것이 정부에서 마련한 금융 시스템입니다. 특히 금융감독원에서 운영하는 '통합연금포털'을 통해 3대 연금의 계약정보와 예시 연금액을 간단하게 확인할 수 있습니다.

## 통합연금포털에서 내 연금 조회하기

금융감독원 | 통합연금포털 OpenAPI

내 연금조회·재무설계 | 연금상품 비교공시 | 연금저축 안내 | 퇴직연금 안내 | 연금세제 안내 | 연금 자료실

### 연금상품 비교공시

연금상품을 통합 비교해보세요!

- 연금저축 비교공시 >
- 퇴직연금 비교공시 >
- 원리금보장 연금상품 >
- 퇴직연금 맞춤형 수수료 비교 >

### 내 연금조회 · 재무설계

내 연금정보를 확인하고, 노후 재무설계를 해보세요.

- 내 연금 조회 >
- 노후 재무설계 >
- 연금저축 맞춤 상품안내 >
- 개인형 IRP계좌안내 >
- 전문가 상담 >

### 연금 자료실

연금자료, 연금통계 등 다양한 자료를 제공합니다!

- 연금통계 >
- 연금자료 >
- 퇴직연금 관련법규 >
- 보도자료 >

연금계약정보 | 예시 연금액

## 연금계약정보

### 국민연금

국민연금은 사회보장제도의 일종으로 보험원리에 따라 운용되는 제도입니다.

| 가입자 구분 | 연금종류 | 연금개시년도 | 예상연금수령액 (원/월) | 미래가치 예상연금액 ? | 비고 |
|---|---|---|---|---|---|
| 지역가입자 | 노령연금(개시전) | 2032년 | | 현재가치 (0%) ∨ 변경 | 계약상세 |

연금계약정보 | 예시 연금액

표로보기 | 그래프로 보기 | 엑셀 다운로드

| 58 세 | 59 세 | 60 세 | 61 세 | 62 세 | 63 세 | 64 세 | 65 세 | 66 세 | 67 세 | 68 세 | 69 세 | 70 세 | 71 세 |
|---|---|---|---|---|---|---|---|---|---|---|---|---|---|
| 0 | 0 | 0 | 0 | 0 | 0 | 10,151 | 10,294 | 10,438 | 10,584 | 10,732 | 10,882 | 11,035 | 11,189 |
| 0 | 0 | 2 | 2 | 3 | 3 | 3 | 3 | 3 | 3 | 3 | 3 | 3 | 3 |
| 0 | 0 | 0 | 0 | 0 | 0 | 0 | 0 | 0 | 0 | 0 | 0 | 0 | 0 |
| 0 | 0 | 0 | 0 | 0 | 0 | 0 | 0 | 0 | 0 | 0 | 0 | 0 | 0 |
| 0 | 0 | 2 | 2 | 3 | 3 | 10,154 | 10,297 | 10,441 | 10,587 | 10,735 | 10,885 | 11,038 | 11,192 |

가족 연금정보 추가 | 산출가정 변경

시스템 이용이 처음이라면 회원가입 후 각종 연금 정보를 가져오는 데 약 3일 정도의 시간이 소요됩니다. 그 이후로는 접속과 동시에 연금 내역을 확인할 수 있습니다. 연금 정보는 한 달 단위로 계속 업데이트됩니다. 지금 휴대폰 카메라 기능을 켜고 아래의 QR코드를 찍어 회원가입을 해봅시다.

**통합연금포털 바로가기**

여기서 확인해야 할 사항은 연금 계약정보와 예시 연금액입니다. 대부분 국민연금이나 퇴직연금의 구체적인 계약 내용은 기억하지 못해도 가입했다는 사실은 알고 있습니다. 하지만 개인연금에 관한 정보는 통합연금포털에 들어가서 자신이 가입한 연금의 종류와 내역을 처음 발견하기도 합니다.

우선 '내 연금 조회' 서비스를 선택해 연금 계약정보를 확인합니다. 여기서 연금 종류 또는 상품명과 연금 개시 예정일 등을 알 수 있습니다. 그다음에는 예시 연금액을 조회합니다.

55세 이후로 매년 수령할 수 있는 연금액을 표나 그래프로 확인할 수 있습니다. 표는 구체적인 연금액을 알려주고, 그래프는 전체적인 수입의 흐름을 보여줍니다. 3대 연금을 더한 연간 연금액을 12로 나누면 매월 받게 될 연금액을 알 수 있습니다. 이 숫자를 파악하기 위해 자신의 연금을 조회하는 것입니다.

즉 55세 이후 매년 수령할 3대 연금액의 합계가 현재 준비된 은퇴 생활비입니다. 각 연금마다 개시 시점이 다를 수 있으므로 월별 은퇴 생활비도 연령에 따라 큰 차이를 보일 것입니다. 다만 이 숫자는 정확한 것이 아니라 어디까지나 기본적인 가정을 전제로 한 예상 수치입니다.

물가상승률이나 연금수익률 등은 조회 시 선택할 수 있으나 앞으로 직장을 얼마나 더 다닐지, 급여 등의 수익이 어떻게 변동될지, 연금저축이나 IRP 수익률이 얼마나 상승하거나 하락할지는 누구도 알 수 없기에 정확한 금액을 산출하는 것은 불가능합니다. 대신 시간이 경과해 연금 수령시기에 가까워질수록 정확도가 높아집니다.

따라서 한 번 조회로 끝나는 것이 아니라 앞으로 계속 관심을 가지고 정기적으로 조회하면서 미래의 노후 생활비와 은퇴 준비 정도를 파악해야 합니다. 이 시스템에서는 배우자의 연금액도 함께 조회할 수 있으니 참고하시기 바랍니다.

## 2 | 3대연금을 중심으로 노후 재무계획 세우기

현재 보유한 현금이 은퇴 후 생활비에 포함된다고 볼 수 있을까요? 인생은 변수의 연속입니다. 앞으로 자녀의 교육비나 결혼 지원금, 부채 상환 등 무슨 일이 일어날지 모르기 때문에 현금을 노후 생활비로 여기는 것은 위험합니다. 현재 시점에서는 3대 연금을 중심으로 은퇴생활의 준비 정도를 파악하는 게 최선입니다.

일어날 수 있는 최대 변수를 감안하고도 보유한 현금을 은퇴 자금으로 확실하게 따로 떼어 놓은 자산이 있다면 그 금액은 3대 연금과 합산한 뒤 매월 은퇴 생활비로 환산하면 됩니다. 투자 성향에 따라 상품 선호도가 다르겠지만 상대적으로 보수적인 세 가지 유형의 상품을 목돈 1억 원 기준으로 비교해보면, 매월 얼마 정도를 은퇴 생활비로 잡으면 될지 판단할 수 있습니다.

## 재무팁 | 목돈을 즉시 연금으로 활용하고 싶다면

보유한 목돈을 연금으로 활용하는 첫째 방법은 1억 원을 보험사의 즉시 연금보험에 가입하는 것입니다. 20년 보증 조건의 종신형으로 연금을 받으면 매월 38만 6,000원을 수령할 수 있습니다(만 60세 남성, 공시이율 연 2.82% 기준).

또 다른 방법은 1억 원을 저축은행 예금에 넣고 이자만 받는 것입니다. 현재 기준인 세전 연 4.01%의 이자율에 따라 매월 28만 2,705원을 수령할 수 있습니다.

마지막 방법은 인컴형 자산(채권이나 고배당 주식, 부동산 리츠 등 이자나 배당 임대료 등 은행 이자보다 높은 정기적인 소득이나 수입을 창출하는 자산)을 매수하는 것입니다. 최근 많은 관심을 받는 상장 리츠(부동산 투자신탁) 중 하나인 코람코에너지리츠를 1억 원어치 매수해 배당금만 받으면 매월 48만 1,795원을 수령할 수 있습니다(1주: 5,180원, 세전 배당금 연간 1주당 354원 기준).

즉시 연금보험은 원리금을 함께 받는 구조이고, 예금과 상장리츠는 원금 1억 원을 보유한 상태에서 세금 15.4%를 제외한 이자와 배당금을 받는 구조로 금액을 월별로 환산한 것입니다.

즉시 연금보험의 공시이율이나 저축은행의 예금 이자율은 최근 인플레이션에 따른 급격한 금리 인상으로 이전과 비교해 상대적으로 높은 수준이지만 향후에 인플레이션이 진정되면 금리도 하락해 수령할 수 있는 돈은 줄어듭니다. 인컴형 자산 역시 배당 정책이 바뀌면 매월 수령하는 금액이 달라집니다. 따라서 신중한 접근이 필요합니다.

이제 3대 연금과 목돈으로 연령에 따라 매월 수령할 수 있는 은퇴 생활비를 파악했습니다. 우리가 지금까지 은퇴 준비를 얼마나 했는지 확인했으니 2단계로 넘어가겠습니다.

은퇴 재무설계 워크숍 Step 2

# 나의 은퇴 생활비 파악하기

우리는 각종 경제연구소와 국민연금관리공단 등의 보고서를 통해 은퇴 이후의 최소 생활비와 적정 생활비에 관한 정보를 접하곤 합니다. 그럴 때마다 저 정도 금액만 준비하면 정말 은퇴 후 노년을 보내는 데 문제가 없을까 하는 의문이 듭니다. 누군가에게 그 금액이 충분한 것 같고 다른 누군가에게는 모자란 것 같습니다.

심리학 이론 중에 '닻 내리기 효과'라는 게 있습니다. 머릿속에 잔상처럼 남은 임의의 숫자가 기준점이 되어 이후 어떤 수를 생각해야 할 때 영향을 미치는 현상입니다. 예를 들어 국민연금관리공단에서 조사를 통해 적정 은퇴 생활비로 매월 부부 기준 267만 8,000원, 개인 기준 164만 5,000원이 필요하다고 발표했습니다. 그러면 정보를 접한 대부분의 사람들이 이 금액을 기준으로 조금 더 많거나 적은 은퇴 생활비가 필요하다고 여기는 것입니다.

실제로 강의에서 수강생들에게 아무런 기준을 제시하지 않은 채 현재 가치로 매월 얼마의 은퇴 생활비가 필요한지 물어보면 300만 원, 500만 원 등 들쑥날쑥한 답변을 들을 수 있습니다. 하지만 국민연금관리공단 자료를 설명한 후 다시 질문하면 대부분 250만 원이나 300만 원이 필요하다고 답합니다. '부부의 적정 생활비 267만 8,000원'이 닻 내리기 효과를 발휘해 이를 기준으로 자신의 은퇴 생활비를 설정한 것입니다.

이 같은 자료가 은퇴 생활비를 정하는 데 도움이 되는 것은 사실입니다. 하지만 우리는 좀 더 구체적으로 나만의 기준을 만들어야 합니다. 평균은 중간값일 뿐 나에게 꼭 맞는 은퇴 생활비가 아니기 때문입니다.

나만의 은퇴 생활비를 파악하는 데는 가계부만큼 훌륭한 자료가 없습니다. 하지만 강의를 하면서 파악해 보면 실제로 가계부를 쓰는 사람은 10% 정도에 불과합니다. 꾸준히 기록하고 정리하는 것이 힘들어서이기도 하지만 필요성을 못 느껴서 가계부를 쓰지 않는다는 것입니다. 은퇴 준비에 있어 가계부가 중요한 이유는 우리가 미래 가계부를 만들어야 하기 때문입니다. 더 명확히는 가계부를 쓰는 것이라기보다는 예산을 세우는 과정이라 할 수 있습니다.

### 은퇴 생활비를 예측하는 미래 가계부 작성하기

미래 가계부는 자녀의 독립 이전과 이후로 시기를 나눈 뒤 별도로 작성합니다. 가령 자녀가 66세에 독립할 것으로 예상한다면 66세 이전의 미래 가계부와 66세 이후의 미래 가계부가 각각 필요합니다. 이때 가계부에 기록한 66세 이전의 월 생활비가 375만 원이고, 66세 이후의 월 생활비가 260만 원이라면 이 금액이 나만의 은퇴 생활비 기준이 되는 것입니다.

미래 가계부를 적을 때 생활비는 식비나 통신비처럼 매월 정기적으로 지출하는 항목과 경조사비처럼 비정기적으로 지출하는 항목으로 구분합니다. 비정기 지출을 모두 더한 다음 12분의 1로 나눈 금액에 매월 정기 지출액을 더하면 월 평균 생활비가 됩니다.

## 미래 가계부 정기 지출내역 작성 예(자녀 독립 이전 / 이후 별도 작성)

| 구분 | 내용 | 지출액 | 구분 | 내용 | 지출액 |
|---|---|---|---|---|---|
| 주거비 | 관리비 | | 생활비 | 생활용품 | |
| | 전기요금 | | | 세탁 | |
| | 수도요금 | | | 이발 / 목욕 | |
| | 가스비 | | | 가사도우미 | |
| | 정수기 등 임대료 | | | 기타 | |
| | 월세 | | | 소계 | |
| | 기타 | | 공공보험료 | 국민연금 | |
| | 소계 | | | 건강보험료 | |
| 식비 | 주식비 | | | 소계 | |
| | 부식비 | | 민영보험료 | 보장성보험료 | |
| | 외식비(배달) | | | 가족 보험료 | |
| | 커피/ 간식 | | | 소계 | |
| | 기타 | | 교육비 | 등록금 | |
| | 소계 | | | 학원비 | |
| 교통비 | 유류비 | | | 교재 / 참고서 | |
| | 본인 교통비 | | | 기타 | |
| | 배우자 교통비 | | | 소계 | |
| | 가족 교통비 | | 용돈 | 본인 | |
| | 부모님 교통비 | | | 배우자 | |
| | 기타 | | | 부모님 | |
| | 소계 | | | 자녀 | |
| 통신비 | 본인 | | | 기타 | |
| | 배우자 | | | 소계 | |
| | 자녀 | | 기타 | | |
| | 인터넷 사용료 | | | | |
| | 케이블 사용료 | | | 소계 | |
| | 기타 | | 할부금 | 자동차 | |
| | 소계 | | | 기타 | |
| 여가생활 | 운동 | | | 소계 | |
| | 신문 / 도서 | | 금융비용 | 대출원금상환 | |
| | 문화생활비 | | | 대출이자 | |
| | 기타 | | | 기타 | |
| | 소계 | | | 소계 | |
| 교제비 | 십일조 / 헌금 | | 저축 투자 | 저축 | |
| | 회비 | | | 펀드 | |
| | 기부 | | | 연금 / 공제 | |
| | 기타 | | | 기타 | |
| | 소계 | | | **소계** | |
| **소비(A)** | | **저축액** | | **월 정기지출 합계** | |

## 미래 가계부 비정기 지출내역 작성 예

| 구분 | 내용 | 지출액 | 구분 | 내용 | 지출액 |
|---|---|---|---|---|---|
| 병원비 | 병원비 | | 설 | 음식 | |
| | 약 / 건강식품 | | | 교통비 | |
| | 기타 | | | 선물 | |
| | 소계 | | | 부모님 용돈 | |
| 의복미용 | 의류잡화 | | | 자녀 용돈 | |
| | 패션잡화 | | | 기타 | |
| | 헤어뷰티 | | | 소계 | |
| | 세탁수선비 | | 추석 | 음식 | |
| | 기타 | | | 교통비 | |
| 교통비 | 자동차세금 | | | 선물 | |
| | 차 보험료 | | | 부모님 용돈 | |
| | 차 수리비 | | | 자녀 용돈 | |
| | 기타 | | | 기타 | |
| | 소계 | | | 소계 | |
| 세금 | 재산세 | | 명절지출 합계 | | |
| | 주민세 | | 행사비 | 제사 | |
| | 토지세 | | | 기타 | |
| | 종부세 | | | 소계 | |
| | 기타 | | 등록금 | 수업료 | |
| | 소계 | | | 운영비 | |
| 여가 | 여행 | | | 기타 | |
| | 기타 | | | 소계 | |
| 교제비 | 경조사비 | | 연간지출비용 합계 | | |
| | 선물 | | | | |
| | 모임 회비 | | 월 환산금액 (B) | | |
| | 기타 | | | | |
| | 소계 | | | | |

| 정기소득 | 비정기소득 | 기타 | 합계 |
|---|---|---|---|
| | | | |

| 소비(A+B) | 저축 | 합계 | 잉여자금 |
|---|---|---|---|
| | | | |

한 가지 주의할 점은 현재 수입을 기준으로 생각해서 정하면 안 된다는 것입니다. 급여의 정점에 있는 지금은 그만큼 소비 수준도 최고로 높아진 상태입니다. 지출 규모가 큰 현재를 기준으로 가계부를 적는다면 미래의 월 평균 생활비가 매우 높아지므로, 미래 가계부를 퇴직 후 줄어든 수입을 기준으로 지출의 눈높이를 낮춰 작성하는 것이 좋습니다.

이 외에도 추가로 고려해야 할 몇 가지 요소가 있습니다. 은퇴 후 주거지 선택에 따라 은퇴 자산을 늘리거나 은퇴 생활비를 줄일 수 있습니다. 물가 상승에 따른 화폐가치 하락이나 연령별 생활비 지출 추이, 그리고 건강보험료나 경조사 비용도 감안해야 하는데 이 부분에 대해 좀 더 구체적으로 살펴보겠습니다.

### 1 | 은퇴 후 주거지 선택

은퇴 후 사는 곳에 따라 노후 생활비를 얼마나 아낄 수 있을까요? 국민연금관리공단에서는 주기적으로 중고령층의 경제생활 및 노후 준비 실태를 파악합니다. 이 자료를 통해 은퇴에 관한 다양한 정보를 얻을 수 있습니다.

국민연금연구원 국민노후보장패널 8차 조사에 따르면 부부 기준 적정 노후 생활비가 서울은 319만 1,000원인데 비해 지방행정 단위인 도(道)는 252만 3,000원으로 66만 8,000원이나 차이가 납니다. 개인 기준으로도 서울은 194만 8,000원이지만 도는 160만 6,000원으로 그 차이가 34만 2,000원입니다. 별도의 설명을 보태지 않아도 서울이나 대도시의 은퇴 생활비가 지방 중소도시나 농어촌 등에 비해 많이 든다는 점은 누구나 알고 있습니다.

한 가지 더 고려해야 할 점은 집값이 상대적으로 낮은 지역으로 이사하거나 같은 지역에서 집의 규모를 줄이면 그 차액을 은퇴 준비에 더할 수 있으며 미래에 은퇴 생활비도 줄일 수 있다는 것입니다.

### 2 | 물가 상승에 따른 생활비 증가

2007년 국민연금관리공단에서 실시한 국민노후보장패널 2차 조사 결과 적정 노후 생활비는 부부 기준 163만 9,000원, 개인 기준 104만 6,000원이었습니다. 하지만 2019년에 실시한 8차 조사에서는 적정 노후 생활비가 부부 기준 267만 8,000원, 개인 기준 164만 5,000원으로 늘었습니다. 12년 사이 부부 기준 63%(103만 9,000원) 증가했고 개인 기준 57%(59만 9,000원) 증가했습니다. 경제 성장에 따른 1인당 GDP가 증가했지만 물가도 상승했기 때문입니다. 따라서 우리는 미래 가계부를 작성할 때 물가상승에 따른 명목 금액 증가분을 반영해야 합니다.

미국 연방준비제도이사회와 우리나라의 한국은행은 연간 물가상승률을 2% 이내로 묶어 놓으려고 노력합니다. 따라서 미래 가계부를 작성할 때도 매년 2%씩 물가가 상승한다는 것을 감안해서 은퇴 생활비를 정해야 합니다. 예를 들어 65세 때 은퇴 생활비로 300만 원이 필요하다면 66세에는 306만 원이, 67세에는 312만 원이 필요합니다.

### 3 | 연령별 생활비 추이

은퇴 생활비는 시시때때로 바뀝니다. 은퇴 초반부에는 왕성한 여가 활동으로 생활비가 정점을 기록하지만 연령이 증가할수록 외부 활동이 줄어들면서 은퇴 생활비도 함께 줄어듭니다.

따라서 65세에 은퇴한다고 가정하면 활동성이 유지되는 70세까지는 100%의 생활비를 적용하고 71세에서 80세까지는 활동성 저하에 따라 70%를, 81세부터는 50%를 적용합니다. 반면에 연령이 증가하면서 각종 질병이나 상해에 노출되므로 의료비는 증가하게 됩니다.

## 4 | 건강보험료와 경조사비

직장에 다닐 때는 무감각했던 건강보험료가 은퇴 후에는 큰 부담이 됩니다. 건강보험이 직장가입자에서 지역가입자로 전환되기 때문입니다. 운 좋게 자녀의 피부양자로 등재되면 건강보험료 부담이 없지만 최근 건강보험 피부양자 조건이 까다로워지면서 자녀의 피부양자로 들어가는 것이 어려워졌습니다.

피부양자가 되지 못하면 지역가입자로 건강보험료를 납부해야 하는데 재산(자동차 포함)과 소득에 따라 건강보험료가 산정됩니다. 직장가입자는 건강보험료의 절반만 부담하는데 반해 지역가입자는 100% 본인이 납입해야 합니다.

직장 다닐 때 받는 월급보다 크게 줄어들 은퇴 생활비에서 건강보험료를 내는 것은 큰 부담입니다. 이럴 경우 책 335쪽에 설명한 '건강보험 임의가입자제도'를 활용해 보험료 부담을 일정 기간 낮추는 방법도 있습니다. 이 외에 경조사비 지출도 고려해야 하는데 친인척이 많거나 사회관계의 폭이 넓을수록 지출이 많아지므로 은퇴 생활비를 정할 때 이 부분도 헤아리는 것이 좋습니다.

지금까지 미래 가계부로 나만의 은퇴 생활비를 산정해보았습니다. 이제 3단계로 가보겠습니다.

### 은퇴 재무설계 워크숍 Step 3

## 나의 현실적인 은퇴 시기 정하기

우리나라는 '고용상 연령차별 금지 및 고령자 고용촉진에 관한 법률(정년연장법)'에 따라 2016년부터 기업의 정년이 55세에서 60세로 늘었습니다. 모든 직장인이 정년을 채우고 퇴직할 수 있는 것은 아니지만 많은 사람들이 자신의 정년 시점을 60세로 생각하고 있습니다. 그런데 국민연금 개시는 정년 후 5년이 지난 65세부터입니다(1969년생 이후). 이러다 보니 대부분의 사람들이 은퇴 시기를 최소 65세로 생각합니다.

저 역시 아직 은퇴 시기를 정하지 않은 사람들과 상담이나 강의를 할 때면 60세 또는 65세를 은퇴 시점으로 정하곤 합니다.

하지만 이는 어디까지나 사회가 정한 보편적인 기준일 뿐 저마다 다르게 진행 중인 은퇴 준비와 예상 생활비 등을 살펴보면 이 같은 은퇴 시기가 적절하지 않은 경우가 많습니다. 60세나 65세에 은퇴하면 생활비 부족으로 곤란을 겪을 사람이 많다는 뜻입니다. 이들은 건강이 허락하고 일자리를 얻을 수 있다는 전제하에 65세 이후에도 계속 일하면서 부족한 노후 생활비를 마련해야 합니다.

대학을 졸업하고 취업한 20대에는 결혼 자금 마련에, 30대에는 주택 마련에, 40대에는 자녀 교육에 모든 돈을 쏟아붓습니다. 정작 부부에게 가장 중요한 은퇴 생활비 준비는 소홀한 채 말입니다. 자녀를 대학에 보내고 나면 50대가 되는데 이때부터 은퇴 준비에 집중하려 해도 모아놓은 돈은 별로 없고 소비 규모도 커서 생각보다 여유가 없습니다.

무엇보다 큰 문제는 사회적으로 공감하는 은퇴 시점인 60세나 65세까지 시간이 얼마 남지 않은 것입니다. 시간이 부족하면 그만큼 준비해야 할 금액도 많다는 뜻인데 지출의 눈높이가 한껏 높아진 50대에게는 그만한 여유 자산이 없습니다. 결국 준비가 부족하니 완전한 은퇴를 늦추고 퇴직 후에도 계속 일하면서 돈을 벌어 부족한 부분을 채울 수밖에 없습니다. 이처럼 상황에 따라 저마다의 은퇴 시기가 다르기 때문에 나만의 은퇴 시기를 정하고 그에 맞춰 단계적으로 준비해야 합니다.

## 나는 언제 은퇴하게 될 것인가

자신의 은퇴 시기를 결정하는 기준은 1단계에서 이야기한 은퇴 생활비의 준비 상태와 2단계에서 파악한 미래에 필요한 생활비 규모입니다. 다음 장의 표는 60세 이후에 필요한 은퇴 생활비(예측)와 현재 자신이 준비한 은퇴 생활비(실제)의 연령별 과부족을 계산한 것입니다. 책이라는 한계 때문에 70세 이전은 5세 단위로, 그 이후는 10세 단위로 작성했지만 여러분은 1세 단위로 표를 만들어보기 바랍니다.

표의 내용은 연평균 2%의 물가상승률에 현재 가치를 기준으로 만 60~69세는 월 300만 원, 만 70~79세는 월 210만 원, 만 80세 이상은 월 150만 원의 생활비를 가정한 것입니다.

60세를 예로 들어보겠습니다. 이 시기에 필요한 은퇴 생활비는 300만 원이지만 준비된 3대 연금은 120만 원으로 180만 원이 부족합니다. 이 금액을 해결할 방법을 찾아야 합니다. 임대소득이나 다른 금융소득으로 부족한 180만 원을 채울 수 있다

**필요한 은퇴 생활비와 준비된 생활비 차이**

| 연령 | 60세 | 65세 | 70세 | 80세 | 90세 |
|---|---|---|---|---|---|
| 필요 은퇴 생활비 | 300만 원 | 331만 원 | 256만 원 | 223만 원 | 272만 원 |
| 국민연금 | 0 | 110만 원 | 122만 원 | 149만 원 | 181만 원 |
| 퇴직연금 | 80만 원 | 80만 원 | 80만 원 | 80만 원 | 0 |
| 개인연금 | 40만 원 | 40만 원 | 40만 원 | 40만 원 | 0 |
| 준비 연금 합계 | 120만 원 | 230만 원 | 242만 원 | 269만 원 | 181만 원 |
| 생활비 과부족 | -180만 원 | -101만 원 | -14만 원 | 46만 원 | -91만 원 |
| 근로·사업소득 추가 | OOO만 원 | OOO만 원 | OOO만 원 | OOO만 원 | OOO만 원 |
| 기타 금융소득 추가 | XXX만 원 | XXX만 원 | XXX만 원 | XXX만 원 | XXX만 원 |

면 이때가 나만의 은퇴 시기가 됩니다. 다만 주택연금은 가능한 늦게 선택하는 게 나을 수 있으니 60대에는 배제하는 것이 좋습니다.

은퇴 생활비는 준비되었지만 좀 더 여유 있는 소비를 원하거나 소득에 관계없이 일하는 것에 의미가 있다면 이들에게 일은 생활비를 벌기 위해 어쩔 수 없이 해야 하는 고육지책이 아니라 은퇴생활을 풍요롭게 만드는 선택지가 됩니다. 일을 하고 안하는 것이 내 마음에 달려 있기 때문입니다. 이런 경우에는 80세 이후의 부족분을 채울 방법만 추가로 고민하면 됩니다. 만일 임대소득이나 금융소득이 있다면 부동산을 매각하거나 금융자산의 원금을 헐어 쓰면 되므로 80세 이후의 부족자금을 마련하는 데 큰 어려움이 없을 것입니다.

반면 근로소득이나 사업소득으로 부족분을 채워야 한다면 은퇴 시기를 필요자금과 준비자금이 같아지는 시점까지 늦춰야 합니다. 그 시기가 어떤 이에게는 65세가 될 수 있고 다른 사람에게는 68세가 될 수도 있습니다. 즉 사람마다 은퇴 준비 정도가 다른 만큼 은퇴 시점도 다를 수밖에 없습니다.

완전하지는 않아도 60세를 기준으로 은퇴 준비가 어느 정도 돼 있다면 근로나 사업을 통해 정년 이후의 부족한 소득을 채워야 합니다. 다만 많은 돈을 벌기 위해 전일제로 일하며 전전긍긍하지 않아도 됩니다. 소득을 많이 올릴 수 있는 일자리를 찾기도 어렵지만 체력도 뒷받침되지 않습니다. 시간제 일자리로 필요한 만큼만 일하고 나머지 시간은 취미나 사회생활을 즐기는 게 낫습니다. 그래야 건강을 유지하면서 인생 후반부에 과도한 의료비 지출로 고통 받지 않습니다.

반복해서 말하지만 은퇴 준비는 필요한 은퇴 생활비와 준비한 은퇴 생활비의 갭을 메우는 적극적인 과정입니다. 막연하게 은퇴 시기를 정했다가 막상 그 시점에 준비가 부족하면 큰 낭패를 겪게 됩니다. 그때는 부족한 생활비를 해결할 뚜렷한 방법도 별로 없기에 은퇴생활이 힘겨워질 수 있습니다.

따라서 반기나 연 단위로 위의 표를 꾸준히 업데이트하기 바랍니다. 가령 지금은 은퇴 시기가 69세로 예상되더라도 앞으로 남은 시간동안 열심히 준비하면 몇 년 앞당길 수 있습니다. 그만큼 은퇴생활의 만족도도 올라갈 것입니다.

나만의 은퇴 시기를 정했으니 이제 4단계로 가보겠습니다.

은퇴 재무설계 워크숍 Step 4

# 은퇴를 위한 자산 구조조정하기

지난 26년 동안 재무설계 일을 하면서 많은 사람들을 상담했습니다. 개인 상담은 세부적인 재무계획을 세우는 것이 목적입니다. 따라서 내담자가 현재 보유한 자산과 그 가치 평가까지 종합적인 부분을 다루며 내밀한 부분까지 속속들이 파악할 수 있습니다.

문제는 내담자의 90%가 차라리 아무것도 하지 않았더라면 더 많은 돈을 모았을 것이라는 사실입니다. 지인의 요청으로 어쩔 수 없이 가입한 보험 때문에 돈이 줄줄 새는 것은 흔한 일입니다. 내용도 모르고 남들을 따라 목적에 맞지 않는 투자 상품에 가입했다가 큰 손실을 입은 채 앞으로 어떻게 해야 할지 몰라 고민하는 사람도 많습니다.

최근 몇 년 사이에는 주식이나 코인 등에 투자해 실패하거나 금융사기를 당해 목돈을 잃은 사람들을 자주 만납니다. 이처럼 애써 번 돈을 불리기 위해 위험을 무릅쓰고 수익률이 높다는 상품에 투자했다가 결과가 좋지 않은 사람이 많았습니다.

2030세대라면 수업료를 치렀다고 생각할 수 있습니다. 은퇴까지 아직 남은 시간이 있으니 실패를 발판 삼아 다시 은퇴 준비를 시작하면 되기 때문이죠. 하지만 4050세대, 특히 50대에게 잘못된 투자는 몇 년 뒤 은퇴와 함께 생활고로 이어집니다. 뒤늦게 과거의 선택을 후회해도 소용없습니다. 이들에게는 더 이상 경험을 쌓을 시간도, 돈을 낭비할 시간도 없습니다.

## 잃기엔 시간이 없다, 50대의 투자법

2021년 말, 40대 후반의 부부가 상담을 받으러 왔습니다. 지인인 보험설계사의 권유로 가입한 종신보험 때문이었습니다. 은퇴 후 보험을 연금으로 전환하면 생활비로 넉넉하게 사용할 수 있다는 말에 자의 반 타의 반으로 종신보험에 주계약만 넣고 가입해 매월 100만 원 가까이 납입하고 있었습니다. 그동안 아이들 사교육비 때문에 은퇴 준비는 꿈도 못 꾸던 부부는 첫째 아이의 사교육이 끝나면서 여유가 생기자 비로소 미래가 걱정됐습니다. 불안한 마음과 동시에 제대로 은퇴 준비를 시작하고 싶어 저를 찾아온 것입니다.

부부가 가입한 종신보험 중 하나는 1년 전에 새로 계약한 것으로, 가끔 방송에서 종신보험은 저축상품이 아니므로 연금 용도로는 절대 가입해서는 안 된다는 내용을 접할 때마다 불안했다고 합니다. 결론적으로 부부는 가입 후 최소 20년은 지나야 겨우 원금이 보장되는 종신보험을 해약했습니다. 자세히 분석해 보니 상품 수익률이 높을 리 없고 연금을 받기에도 적절치 않았기 때문입니다. 가입한 지 얼마 안 된 보험은 해약하면 손해가 크지만 보험을 유지했을 때 예상되는 손해를 따져보고 그것이 더 크다면 당장 해지해야 합니다.

부부는 매월 종신보험에 납입했던 100만 원을 은퇴 생활비를 모으기에 적절한 다른 상품에 넣기로 했습니다. 매월 60만 원은 연금저축과 IRP를 더해 세액공제 한도를 모두 채워 납입하고 나머지 40만 원은 미국 S&P 500 ETF와 상장 리츠를 적립식으로 매수해 나가고 있습니다. 주변에서 이 부부처럼 잘못된 투자로 은퇴 준비는커녕 손해를 키우고 있는 사람들을 흔히 볼 수 있다는 사실이 안타까울 따름입니다.

은퇴 시점이 가까워진 50대는 앞으로 결정해야 할 모든 재무적인 선택에 있어 신중해야 합니다. 또한 은퇴 이후를 대비해 보유 자산을 효율적으로 재조정해야 합니다. 목적에 맞는 자산은 잘 유지하되 그렇지 않은 자산은 과감하게 바로 정리해 은퇴 생활비를 만들기에 적합한 상품에 넣어 조금이라도 더 많이 생활자금을 늘려야 합니다.

급한 마음에 돈을 빨리 모으려고 높은 수익만을 바라며 투자인지 투기인지 헷갈리는 상품에 올인하면 안됩니다. 원금 보존을 목적으로 은행의 예금과 적금에만 돈을 넣는 것도 인플레이션에 따른 화폐가치 하락이라는 위험이 있기 때문에 옳은 선택은 아닙니다. 은퇴까지 10년 내외의 시간이 남아 있는 만큼 관심만 가지면 충분히 연 평균 5% 이상의 수익률을 만들 수 있습니다.

보유 자산을 재조정할 때는 반드시 기억해야 할 두 가지가 있습니다. 먼저 보장성 보험은 꼭 필요한 것만 남기고 없애거나 줄이는 것입니다. 보험을 해약하는 방법도 있지만 과도한 특약의 가입금액을 줄이거나 불필요한 특약을 부분 해약하는 방법도 있습니다. 이렇게 줄인 보험료는 은퇴 생활비를 만들 수 있는 상품에 넣어야 합니다. 다음으로 안전자산과 위험자산의 비율을 잘 조절하는 것입니다. 이제부터는 공격적 투자보다 자산을 지킬 수 있는 안전한 투자를 함께해야 합니다.

저는 50대를 대상으로 하는 강의나 상담에서 매월 적립하는 금액은 펀드나 ETF 같은 상품에 공격적으로 투자하고, 목돈은 중위험 중수익인 인컴형 상품(채권이나 고배당 주식, 리츠 상품 등 정기적 수입을 창출하는 자산)을 중심으로 보수적으로 운용하라고 강조합니다. 또한 기대 수익률을 너무 높지 않게 잡아야 합니다. 높은 기대 수익률 탓에 투자 수익을 현금화 할 적기를 놓쳐 끝내 투자가 실패하기 때문입니다.

은퇴 시기가 가까워질수록 공격적 투자의 비율은 줄이고 원금손실 위험이 적은 안전자산의 비율을 높이기 바랍니다. 50대에 목돈을 잃으면 만회할 시간이 없습니다.

은퇴 이후를 대비한 자산 재조정까지 마쳤으니 이제 5단계로 가보겠습니다.

은퇴 재무설계 워크숍 Step 5

# 부족한 은퇴 생활비 채우기

앞에서 자산 중심의 은퇴 준비와 소득 중심의 은퇴 준비에 대해 강조했습니다. 강의나 상담에서 두 가지 방식의 은퇴 준비를 설명하면 사람들의 반응이 확연히 달라지는 것을 알 수 있습니다. 먼저 자산 중심의 은퇴 준비를 예로 들어 보겠습니다.

현재 40세인 A씨는 65세에 은퇴할 예정이며, 매월 300만 원의 은퇴 생활비가 필요하다고 가정해 보겠습니다. 금융계산기로 따져보면 65세 시점에 11억 원 정도의 현금성 자산이 필요하다는 결과가 나옵니다.

11억 원이라는 금액을 들은 사람들의 표정에서는 당혹감과 곤란함, 근심, 걱정 등이 묻어납니다. 당장 주택담보대출에 자녀들의 교육비만으로도 벅찬데 11억 원의 현금성 자산이 필요하다는 말에 은퇴 준비는 시도조차 못합니다. 즉시 포기하거나 나중에 여유가 생기면 준비하겠다고 마음먹습니다. 이럴 때면 지금 당장 은퇴 준비를 시작해야 한다는 저의 안타까움과 그보다 더 급한 불부터 꺼야 하는 내담자의 고민이 뒤섞여 결국 타협점을 찾아 나서게 됩니다. 11억 원이라는 엄청난 숫자에 질려 구체적인 실천도 뒤로 미루는 것입니다. 몇 년 뒤 다시 상담을 해도 상황은 마찬가지입니다. 자산 중심의 은퇴 준비가 주는 현금성 자산의 중압감이 매우 크기 때문입니다.

하지만 같은 조건에서 소득 중심으로 은퇴 준비를 이야기하면 상황은 조금 달라집니다. 내담자가 부담을 느끼는 것은 같지만 그래도 한번 해보자는 자신감에 즉시 은퇴 준비에 돌입하기도 합니다.

우선 국민연금에서 월 100만 원 정도의 현금흐름이 만들어집니다. 그다음은 퇴직연금입니다. DB형 퇴직연금에 가입했고 25년 정도 근속했으며 60세에 퇴직하기 직전 3개월 평균임금이 500만 원이라 가정하면, 1억 2,500만 원을 IRP 계좌나 연금저축 계좌로 수령할 수 있습니다. 이 적립금을 5년 동안 연평균

수익률 5%로 굴려서 65세부터 30년 동안 연금으로 수령하면 매월 94만 원을 받을 수 있습니다.

이제 매월 106만 원만 개인연금 등을 이용해 현금흐름으로 만들면 됩니다. 연금저축이나 IRP에 가입해 매월 40만 원씩을 퇴직 전인 20년 동안 납입하고 5년 후인 65세에 연금으로 받으면 가능합니다(연평균 수익률 5% 기준). 다만 국민연금은 물가상승분을 반영하지만 퇴직연금이나 개인연금은 물가상승에 따른 화폐가치 하락을 반영하지 못하므로 여기서 계산한 금액보다 조금 더 납입하거나 더 높은 수익률을 올려야 합니다.

## 은퇴 준비, 하루라도 빨리 시작하기

제가 말하고 싶은 것은 자산 중심과 소득 중심의 차이가 아닙니다. 은퇴 준비의 핵심은 얼마나 빨리 제대로 시작하느냐는 것입니다. 자산 중심의 은퇴 준비가 부담스럽다면 당장 소득 중심의 은퇴 준비를 시작해야 합니다.

Step 1에서는 지금까지 준비한 은퇴 생활비를 점검했고, Step 2에서는 나만의 은퇴 생활비를 계산했습니다. 그리고 Step 3에서는 나만의 은퇴 시기를 정했고, Step 4에서는 불필요한 자산을 정리해 은퇴 준비를 할 수 있는 여력을 만들어냈습니다.

은퇴 준비는 은퇴생활을 시작했을 때 필요한 돈과 지금까지 내가 준비한 돈의 차액을 메우는 과정입니다. 따라서 Step 5에서는 부족한 은퇴 생활비를 채우기 위해 매월 납입할 수 있는 금액을 설정하고 적극적으로 저축과 투자를 해야 합니다. 소득 중심의 은퇴 준비는 지금 당장 시작할 수 있습니다.

소득 중심으로 은퇴 준비를 결심한 사람이 주의해야 할 한 가지는 퇴직연금 수령 방식입니다. 일시금 또는 연금으로 받을 수 있는 퇴직연금은 불가피한 상황이 아니라면 반드시 일시금이 아닌 연금으로 수령해야 합니다. 연금으로 수령하면 세금 혜택과 동시에 안정적인 은퇴생활이 보장됩니다.

매월 일정한 금액이 통장으로 들어오면 이번 달에 과소비로 지출을 많이 했더라도 다음 연금이 나올 때까지만 참으면 된다는 비빌 언덕이 생깁니다. 그런데 이 같은 안정감은 국민연금만으로는 부족합니다. 퇴직연금까지 더해져야 정해진 범위 내에서 어느 정도 생활이 가능하기 때문입니다. 따라서 반드시 퇴직연금은 연금으로 수령하길 바랍니다.

부족한 은퇴 생활비를 마련하기 위해 적립식 투자를 할 생각이라면 연금저축과 IRP 계좌를 최우선으로 고려하는 게 좋습니다. 납입 기간 동안 세액공제 혜택을 받을 수 있고 상품 수익률까지 얻을 수 있습니다. 여기에 세금 납부를 연기해주는 과세이연이 가능해 적립하는 동안 이자나 배당 소득세를 내지 않고 저축이나 투자로 수익을 낼 수도 있습니다.

'4장 개인연금' 편에서도 설명했듯 계좌 안에서 다양한 상품에 나눠 저축이나 투자할 수 있으므로 효과적인 분산투자가 가능합니다. 또한 중도에 해지하면 페널티가 크기 때문에 중도에 해지하지 않고 연금으로 받을 수밖에 없는 강제적인 유지 기능이 있습니다. 연금을 수령하면서도 적립금을 계속 투자 상품으로 운용해 적립금 수명을 연장할 수도 있습니다.

은퇴 시기까지 연금저축이나 IRP 계좌에 적립한 금액으로 매월 얼마씩, 언제까지 연금으로 받을 수 있을지 확인하면 부족한 은퇴 생활비를 준비하는 데 도움이 됩니다. 다음 표는 연금저축이나 IRP 계좌에 각각 1억 원, 2억 원, 3억 원씩을 적립하고 실제로 연금을 수령하면서 동시에 남은 적립금을 계속 투자 상품으로 운용했을 때를 시뮬레이션한 것입니다.

매월 수령하는 연금은 100만 원(연간 1,200만 원)이며 연평

**연금저축 및 IRP 계좌 적립금 투자 시뮬레이션(월 100만 원 수령 시)**

| | | 적립금 | 수익률 | | |
|---|---|---|---|---|---|
| | | | 2% | 5% | 8% |
| ① | 연금 수령 기간 | 1억 원 | 9년 | 11년 | 14년 |
| | 연금 종료 후 잔액 | | 250만 원 | 58만 원 | 339만 원 |
| ② | 연금 수령 기간 | 2억 원 | 20년 | 36년 | 40년 |
| | 연금 종료 후 잔액 | | 573만 원 | 874만 원 | 12억 4,823만 원 |
| 연금 수령 기간 | | 3억 원 | 35년 | 40년 | 40년 |
| 연금 종료 후 잔액 | | | 3만 원 | 6억 7,440만 원 | 34억 2,063만 원 |

연간 연금 수령액 1,200만 원

균 투자 수익률은 2%, 5%, 8%로 가정했습니다. 이때 각각의 금액과 수익률로 수령할 수 있는 은퇴 생활비와 연금 수령이 끝난 뒤의 잔액을 살펴보겠습니다.

50세에 10년 동안 매월 67만 원을 연금저축이나 IRP 계좌에 납입하면 60세에 적립금액이 1억 원이 됩니다(연평균 수익률 5% 기준). 1년 후 매월 100만 원(연 1,200만 원)을 연금으로 수령하고 남은 적립금액으로 각각 연평균 2%, 5%, 8% 수익률을 올린다고 가정합니다.

이때 연평균 2%의 수익률로는 연금수명이 약 9년(9.25년, 표의 ① 참조)입니다. 대략 10년차에는 잔액이 250만 원밖에 남지 않았기 때문에 2.5개월 뒤에는 더 이상 남은 금액이 없습니다. 하지만 같은 1억 원이라도 연평균 5%의 수익률을 올리면 연금의 수명이 2년 연장됩니다.

② 50세에 10년 동안 매월 134만 원을 납입해 2억 원을 적립하고 동일한 조건으로 61세부터 연금을 수령하는 동시에 잔액으로 투자상품을 운용해 수익을 내면 어떨까요? 연평균 5%의 수익률을 올렸을 때 연금 수명이 36.8년이나 연장돼 97세까지 은퇴 생활비를 받을 수 있습니다. 이 경우 굳이 수익률이 낮은 생명보험회사의 종신형 연금에 연연하지 않아도 됩니다.

오른쪽의 표는 같은 조건에서 매월 수령하는 연금이 200만 원(연간 2,400만 원)일 때 시뮬레이션한 결과입니다.

## 연금계좌에 3억 원 + 5% 수익률 조합의 놀라운 효과

이 표를 만들면서 놀란 점은 60세까지 연금저축과 IRP 계좌에 3억 원만 적립해 놓으면 100세까지 매월 200만 원씩 연금을 받고서도 원금보다 많은 3억 2,400만 원이 남아 있다는 사

**연금저축 및 IRP 계좌 적립금 투자 시뮬레이션(월 200만 원 수령 시)**

| 적립금 | 연평균 수익률 | 2% | 5% | 8% |
|---|---|---|---|---|
| 1억 원 | 연금 수령 기간 | 4년 | 4년 | 5년 |
| | 연금 종료 후 잔액 | 951만 원 | 1,901만 원 | 663만 원 |
| 2억 원 | 연금 수령 기간 | 9년 | 11년 | 14년 |
| | 연금 종료 후 잔액 | 501만 원 | 116만 원 | 678만 원 |
| 3억 원 | 연금 수령 기간 | 14년 | 20년 | 40년 |
| | 연금 종료 후 잔액 | 1,272만 원 | 253만 원 | 3억 2,400만 원 |

연간 연금 수령액 2,400만 원

실입니다. 그만큼 수익률의 힘이 큽니다. 물론 매년 8% 이상의 수익률을 내는 것은 어렵지만 연간 5% 수익률은 공부를 통해 금융상품을 잘 선택하면 그리 어렵지 않습니다. 연간 5% 정도의 수익률을 만든다면 부담 없는 금액으로도 은퇴 준비가 가능합니다.

앞의 두 표에서는 물가상승률에 따른 화폐가치 하락은 반영하지 않았습니다. 물가상승률이 연평균 2%라고 가정할 때 첫해에 월 100만 원의 연금을 수령하면 다음해에는 월 102만 원을 수령해야 동일한 가치입니다. 물가상승분까지 고려해 매월 납입하는 금액을 늘리기보다는 공부를 통해 수익률을 높이는 것이 훨씬 수월합니다.

이제는 연금저축이나 IRP 계좌에 매월 얼마씩 납입해야 부족한 은퇴 생활비를 만들어낼 수 있을지 감을 잡았을 것입니다. 인터넷이나 금융계산기 앱을 이용해 나만의 은퇴 시기까지 적립해야 할 금액을 산출한 뒤 역산한 납입금을 시작으로 은퇴 준비를 실행하기 바랍니다.

오 부장의 맞춤 은퇴 과외 7

# 수첩에 꼭 표시해야 할 현금 들어오는 퇴직 관련 정책 6가지

### 1 | 명예·정년퇴직자도 가능, 퇴직 즉시 구직급여 신청하세요

기업이 경영난을 이유로 고용조정 계획에 의해 희망퇴직을 시행하거나 정년을 채운 후 회사를 퇴직해도 고용보험에 가입한 상태라면 실업급여를 받을 수 있습니다. 반면 자발적으로 회사를 그만두거나 중대한 잘못으로 해고된 경우에는 고용보험에 가입된 상태라도 실업급여를 받을 수 없습니다.

은퇴 재무설계 강의를 해보니 희망퇴직자나 정년퇴직자는 실업급여를 받을 수 없을 거라 생각하고 있던 수강생들이 꽤 많았습니다. 저도 구체적으로 공부하기 전까지는 정년퇴직자가 실업급여를 받을 수 있다는 사실을 몰랐습니다.

### 구직급여의 소정급여일수

| 연령 및 고용보험 가입기간 | 1년 미만 | 1년 이상 ~3년 미만 | 3년 이상 ~5년 미만 | 5년 이상 ~10년 미만 | 10년 이상 |
|---|---|---|---|---|---|
| 50세 미만 | 120일 | 150일 | 180일 | 210일 | 240일 |
| 50세 이상 및 장애인 | 120일 | 180일 | 210일 | 240일 | 270일 |

실직이나 퇴직 전 18개월 중 통산 180일 이상 고용보험에 가입한 상태에서 퇴직해야 실업급여를 청구해 구직급여를 받을 수 있습니다. 실업급여 기간에는 일을 하겠다는 의지와 능력을 보여주며 적극적으로 취업 활동에 나서야 하는데 이를 증명하기 위해 1주~4주마다 고용센터를 방문해 실업인정 신청을 해야 구직급여를 계속 받을 수 있습니다.

위의 표는 연령별, 고용보험 가입기간별 구직급여의 소정급여일수를 예시한 표입니다. 소정급여일은 구직급여 수급자격이 있는 근로자가 하나의 수급자격에 따라 구직급여를 지급받을 수 있는 날을 뜻합니다.

만약 60세에 정년퇴직을 했고 고용보험 가입기간이 10년 이상이라면 최대 270일(9개월)분의 구직급여를 수령할 수 있습니다.

구직급여는 퇴직 전 평균임금의 60%에 소정급여일수를 곱해 지급하는데 평균임금이 제각각이므로 상한액과 하한액이 정해져 있습니다. 2022년 기준 상한액은 1일 6만 6,000원이고 하한액은 6만 120원입니다.

60세에 정년퇴직을 했고 고용보험 가입기간이 10년 이상인데 평균임금이 500만 원이라면 구직급여는 10만 원( [500만 원 × 60% = 300만 원] ÷ 30일)이지만 상한액인 6만 6,000원만 지급받을 수 있습니다. 여기에 최대 수급기간인 270일을 곱하면 총 1,782만 원을 지급받을 수 있는데 은퇴 생활비로 적지 않은 금액이기 때문에 소홀히 여기면 안 됩니다.

**구직급여 지급액= 퇴직 전 평균임금의 60% × 소정급여일수**

**1일 상한액: 6만 6,000원**

**1일 하한액: 6만 120원**

구직급여는 퇴직 다음날부터 12개월이 경과하면 소정급여일수가 남아 있다고 해도 더 이상 지급받을 수 없기 때문에 퇴직 즉시 신청해야 수급권을 보호받으면서 최대한 수령할 수 있습니다. 이 점을 꼭 기억해 퇴직과 동시에 바로 신청하기 바랍니다.

### 2 | 국민연금 실업크레딧, 실업급여 신청할 때 같이 하세요

국민연금은 납입금액이 많을수록 가입기간이 길수록 더 많은 연금을 받을 수 있습니다. 국민연금 가입기간 동안 여러 사유로 가입이 중단되기도 하는데 이로 인해 연금 수령액이 감소하는 것을 보상받을 수 있는 제도로 '국민연금 크레딧'이 있습니다. 이는 사회적으로 가치 있는 행위나 불가피한 사유에 따른 가입기간 공백을 보상해 국민연금 가입기간을 추가로 인정해주는 제도입니다. 현재는 출산, 군복무, 실업만 해당됩니다.

이 세 가지 사유 중 하나인 '국민연금 실업크레딧'은 구직급여 수급자가 희망할 경우 국가로부터 보험료의 일부를 지원받으면서 구직급여를 받는 기간을 국민연금 가입기간으로 인정받을 수 있는 제도입니다. 구직급여 수급기간에 한해 최대 12개월까지 가입기간이 인정됩니다.

18세 이상 60세 미만의 실직자 중 고용보험 구직급여 수급대상자로 1개월 이상 국민연금을 납입한 이력이 있어야 합니다. 재산세 과세표준 금액 합계가 6억 원을 초과하거나 사업소득 및 근로소득을 제외한 연간 종합소득이 연간 1,680만 원을 초과하면 해당되지 않습니다.

국민연금 보험료는 구직급여 수급자가 보험료의 25%를 부담하고 75%는 국가로부터 지원받을 수 있습니다. 보험료 산출을 위한 인정소득은 퇴직 전 3개월 평균소득의 50%로, 상한선은 70만 원입니다. 이 경우 70만 원에 해당하는 월 국민연금보험료 6만 3,000원 중 25%인 1만 5,750원은 본인이 부담하고 나머지 75%인 4만 7,250원은 국가가 지원해줍니다.

실업급여를 신청하면서 국민연금 실업크레딧도 같이 신청할 수 있습니다. 구직급여를 받는 동안 신청하지 않았다면 구직급여 종료일이 속하는 달의 다음달 15일 이전까지는 신청해야 혜택을 볼 수 있습니다. 예를 들어 11월 10일에 구직급여가 종료된다면 12월 15일 이전까지 신청해야 합니다. 구직급여를 받는 동안 실업크레딧을 신청하면 국민연금보험료를 분할해서 납부하게 되지만 구직급여 종료일 즈음이나 이후에 신청하면 전체 보험료를 한 번에 납부해야 합니다.

### 3 | 홍보하지 않아 원성이 자자한 '국민건강보험 임의가입자' 신청, 퇴직 후 2개월 안에 하세요

많은 퇴직자들이 퇴직 후 건강보험료 고지서를 보고 충격을 받습니다. 직장에서 지역가입자로 바뀌고 건강보험료가 크게 늘어났기 때문입니다. 직장에 다니다가 퇴직하면 국민건강보험 자격이 직장가입자에 지역가입자로 바뀌게 됩니다. 직장가입자는 2023년 기준 보수월액의 7.09%를 건강보험료로 산정해 회사와 본인이 각각 50%씩 부담해 납부합니다(장기요양보험료는 보수월액의 0.9082%).

건강보험 2단계 개편안 시행으로 직장가입자와 마찬가지로 지역가입자 소득의 7.09%를 곱하고 재산이나 자동차에 각각 점수를 매긴 후 이를 합산해 부과점수당 208.4원을 곱해 보험료를 산정하는데 이렇게 나온 보험료를 본인이 전액 납부해야 합니다. 따라서 퇴직으로 국민건강보험 자격이 직장가입자에서 지역가입자로 변경되면 대부분 건강보험료 부담이 증가합니다.

퇴직으로 직장에서 받던 월급을 더 이상 받을 수 없는 상황에서 건강보험 자격마저 지역가입자로 변경되면 경제적 부담이 커집니다. 대부분의 직장인들은 건강보험료를 사전에 공제한 뒤 월급을 받기 때문에 정확한 보험료가 얼마인지 잘 모르고 부담으로 느끼지도 않습니다. 하지만 지역가입자로 변경되면 매달 고지서가 따박따박 날아오기 때문에 건강보험료에 민감해집니다.

이럴 때는 일시적이나마 보험료 부담을 줄일 수 있는 임의계속가입자 제도를 적극 활용해야 합니다. 지역가입자로 변경돼 산출한 건강보험료가 직장가입자일 때의 전체 보험료 중 자기부담으로 납부한 50%의 보험료보다 많다면 이 제도를 신청하면 됩니다. 임의계속가입자 자격이 인정되면 신청 이후부터 3년 동안은 직장에서 최종적으로 납부했던 자기부담 보험료만큼만(전체 보험료의 50%) 납입하면 됩니다.

제 친구는 직장에 다닐 때 건강보험료 23만 5,430원 중 자기부담 보험료인 11만 7,715원만 납입했습니다. 그런데 퇴직 후 지역가입자로 전환된 뒤 처음 날아온 고지서를 보니 24만 3,280원이 보험료로 찍혀 있었습니다. 깜짝 놀라 임의계속가입자 신청을 해 직장에 다닐 때의 보험료인 11만 7,715원만 내고 있다고 합니다.

보험료 절감뿐 아니라 직장가입자처럼 피부양자도 등재할 수 있습니다. 건강보험관리공단 홈페이지에 왜 이 제도를 적극 홍보하지 않아 그동안 비싼 보험료를 내게 했느냐는 민원이 접수될 정도로 퇴직자에게 유리한 제도입니다. 이 책을 읽는 독자들도 임의계속가입자에 해당하는지 확인한 뒤 이 제도를 적극 활용하기 바랍니다.

다만 모든 퇴직자에게 적용되는 것은 아닙니다. 퇴직 이전 18개월 동안 직장가입자로 자격을 유지한 기간이 통산 1년 이상이 돼야 합니다. 근로자가 아닌 개인사업장 대표자였던 직장가입자는 대상에서 제외됩니다.

신청기한도 중요한데 퇴직 후 지역가입자가 된 이후 최초로 고지받은 보험료 납부기한에서 2개월이 지나기 전까지 국민건강보험공단에 직장가입자로서의 자격 유지를 신청해야 합니다. 또한 임의계속가입자를 신청한 후 최초로 고지된 임의계속가입자 보험료를 납부기한부터 2개월 안에 납부하지 않으면 자격을 잃게 됩니다. 그러면 다시 지역가입자로 돌아가 더 많은 건강보험료를 납부해야하므로 신청기한과 최초 보험료 납부기한을 반드시 지키기 바랍니다.

**퇴직 후 건강보험료 낮추는 팁**

1. 가족 중 직장가입자가 있다면 피부양자로 등재할 것
2. 재취업을 통해 직장가입자로 등재할 것
3. 퇴직 후 건강보험료가 올랐다면 '임의계속가입'을 활용할 것
4. 퇴직 후 연금소득 비중을 높일 것(연금소득은 50%만 건보료로 산정)
5. 잔존가치 4,000만 원 이하의 차량으로 바꿀 것

참고: NH투자증권 100세시대연구소

### 4 | 재취업 후 12개월 안에 취업촉진수당(조기재취업수당) 신청하기

실업급여에서는 수급자격자가 소정급여일수를 다 채울 때까지 구직급여를 지급하고 있지만 소정급여일수를 다 채우지 않고 중간에 재취업을 하거나 창업하면 조기재취업수당을 지급합니다.

구직급여를 수령하다가 소정급여일수가 종료되기 전에 재취업이나 창업을 하면 나머지 구직급여는 더 이상 받지 못하는 것으로 알고 있는 수급자격자들이 적지 않습니다. 하지만 소정급여일수의 2분의 1 이내에 재취업하거나 창업하면 조기재취업수당이 지급되니 소정급여일수를 다 채울 때까지 일부러 재취업이나 창업을 미룰 필요는 없습니다.

구체적으로 내용을 살펴보면 구직급여 수급자격 신청일로부터 7일의 대기기간이 지난 후 재취업한 날의 전날을 기준으로 소정급여일수를 2분의 1이상 남기고 재취업하면 남아있는 구직급여의 절반을 조기재취업수당으로 지급받을 수 있습니다.

취업이나 창업을 하자마자 조기재취업수당을 바로 지급받을 수 있는 것은 아닙니다. 재취업한 날 또는 사업을 시작한 날로부터 12개월이 경과한 이후에 구직급여를 지급받았던 고용센터에 필요 서류를 제출하고 문제가 없으면 수당을 받을 수 있습니다.

허위 또는 부정한 방법으로 실업급여를 받으려고 하다가 적발되면 부정수급에 해당됩니다. 이 경우 제재 및 처벌의 수위가 높으므로 유의해야 합니다. 부정수급으로 적발되면 부정수급액을 반환해야 하고 실업급여 지급이 제한되며 부정수급액의 최대 5배에 해당하는 금액을 추징당할 수 있습니다. 게다가 최대 5년 이하의 징역 또는 5,000만 원 이하의 벌금형이 부과될 수도 있습니다. 또한 부정수급으로 적발된 날부터 소급해 10년간 3회 이상 부정수급으로 실업급여 지급이 제한되면 최대 3년간 새로운 구직급여 수급자격에 따른 실업급여를 받지 못합니다.

### 5 | 회사에서 가입한 실손보험, 퇴직 후 1달 내 개인 실손보험으로 전환하세요

실손보험은 개인이 직접 가입하기도 하고 회사에서 복지 차원에서 단체로 가입해 주기도 합니다. 이로 인해 많은 사람들이 개인 실손보험과 단체 실손보험에 중복으로 가입한 상태입니다.

그런데 실손보험은 중복 보상이 안 됩니다. 여러 개를 가입해도 사고가 발생했을 때 보장받을 수 있는 금액은 동일하므로 복수 가입이 필요 없는 보험입니다. 정부는 제도 개선을 통해 2023년부터 중복 가입된 실손보험을 하나만 유지해도 문제없도록 관련 조치를 취할 예정이라고 밝혔습니다. 따라서 앞으로는 대부분이 개인이나 단체 중 하나의 실손보험만 보유할 가능성이 높습니다.

그렇다면 단체 실손보험에 가입한 상태에서 회사를 퇴직하면 기존의 단체 실손보험을 개인 실손보험으로 전환할 수 있을까요? 전환신청 직전 5년간 단체 실손보험에 가입되어 있고 퇴직 후 1개월 이내라면 가능합니다. 단체보험을 가입한 보험회사에 전환을 신청하면 됩니다. 회사 단체보험이 삼성화재에 가입돼 있다면 삼성화재에 전환신청을 해야 합니다. 이 기간을 놓치면 그 이후로는 전환이 불가하며 새롭게 실손보험에 가입해야 합니다. 이때 치료이력이 있거나 치료 중이라면 가입이 안 되거나 상대적으로 불리한 조건으로 가입할 수 있으므로 반드시 퇴직 후 1개월이라는 전환기간을 놓치지 않고 신청하기 바랍니다.

직전 5년간 단체 실손보험에서 200만 원 이하로 보험금을 수령했거나 10대 질병(암, 백혈병, 고혈압, 협심증, 심근경색, 심장판막증, 간경화증, 뇌출혈과 뇌경색의 뇌졸중증, 당뇨병, 에이즈)의 치료이력이 없으면 심사 없이 전환이 가능합니다. 두 가지 조건 중 하나라도 해당된다면 새로 실손보험을 가입할 때와 마찬가지로 심사를 통해 전환해야 하는데 보장내용에 제한이 걸릴 수도 있습니다.

전환시점에 해당 보험회사가 판매하고 있는 상품으로 전환됩니다. 보장종목, 보장금액, 자기부담금 등의 세부 가입조건은 전환 직전의 단체 실손보험과 동일하거나 가장 유사하게 적용됩니다.

2023년부터는 단체 실손보험과 개인 실손보험에 중복해서 가입돼 있을 때 보험료를 이중으로 내지 않으려고 개인 실손보험 중지를 신청했다가 다시 살릴 때 상품 선택권이 확대됩니다. 그동안 단체 실손보험에 가입돼 있어도 개인 실손보험을 중지하지 않았던 가장 큰 이유가 다시 살릴 때 그 시점에 판매 중인 실손보험에 가입해야 했기 때문입니다. 하지만 2023년부터는 '다시 살리는 시점의 상품'과 '중지 당시 본인이 가입했던 상품' 중 하나를 선택할 수 있게 됩니다. 단 중지했던 상품의 만기가 지난 경우에는 '다시 살리는 시점의 상품'으로만 살릴 수 있습니다.

### 6 | 일시금으로 받은 퇴직금, 연금 수령으로 마음이 바뀌었다면 60일 이내에 원위치하고 퇴직소득세 환급받으세요

회사를 퇴직할 때 받는 퇴직금을 일시금으로 받으면 퇴직소득세 전액을 납부해야 합니다. 하지만 연금으로 수령하면 납부해야 할 퇴직소득세의 30~40%를 감면해줍니다. 연금 수령 10년차까지는 30%를, 연금수령 11년차부터는 40%를 감면해주는데 절세 효과가 꽤 큽니다. 납부해야 할 퇴직소득세가 1,000만 원이라면 30~40%가 감면됐을 때 600~700만 원만 세금으로 내면 됩니다.

이처럼 연금으로 수령하는 것이 절세효과가 있다는 것을 잘 모른 채 일시금으로 수령하는 사람들이 있습니다. 뒤늦게 세금 차이를 알고 후회하는 사람들에게 희소식이 한 가지 있습니다. 퇴직연금을 일시금으로 수령하고 일정 기간이 지나지 않았다면 이미 납부한 세금을 돌려받을 수 있습니다.

현 제도는 55세 미만이라면 퇴직금이든 퇴직연금이든 모두 IRP 계좌로 수령해야 합니다. 하지만 55세 이상은 일반계좌로도 퇴직금이나 퇴직연금을 수령할 수 있습니다.

만약 일시금으로 받아 사용하려고 일반계좌로 퇴직소득세를 차감한 금액을 받았는데 그 이후에 마음이 바뀌어 연금으로 받고 싶어졌다면 가장 먼저 날짜를 따져봐야 합니다. 퇴직금을 수령한 날로부터 60일이 지나지 않았다면 금융회사에서 IRP 계좌를 개설한 뒤 이미 받았던 퇴직금이나 퇴직연금을 이 계좌로 이체합니다. 그러면 IRP 계좌로 퇴직소득세를 돌려받을 수 있습니다. 퇴직한 회사에 따로 요청할 필요 없이 IRP 계좌를 개설할 때 금융회사 직원에게 이러한 사실을 알려주면 직원이 알아서 처리해줄 것입니다.

퇴직금이나 퇴직연금을 반드시 일시금이나 연금 중 한 가지를 선택해서 받아야 하는 것은 아닙니다. 자신의 상황에 따라 비율을 정하면 됩니다. 가령 퇴직연금으로 1억 원을 받는다면 4,000만 원은 일시금으로 사용하고 6,000만 원은 연금으로 수령해도 됩니다. 퇴직소득세를 차감하고 1억 원을 일시금으로 받았다가 마음이 바뀌어 4,000만 원은 계속 일시금으로 사용하고 6,000만 원을 연금으로 수령하고 싶다면 6,000만 원을 IRP나 연금저축 계좌에 이체해서 연금으로 수령하면 됩니다.

이때 퇴직소득세는 원금의 비율대로 나눠집니다. 일시금 4,000만 원에 대한 퇴직소득세는 감면을 받지 못하지만 연금으로 수령하는 6,000만 원에 대해서는 30~40%를 감면 받을 수 있습니다. 감면받은 퇴직소득세를 IRP 계좌나 연금저축 계좌로 돌려받아 계속 운용하면서 연금을 수령할 때 세금을 분할 납부하면 됩니다.

# 굿바이 텐션, 헬로 펜션!

Goodbye tension, Hello pension

인생에서 변화가 가장 큰 시기는 50대 이후입니다. 직업의 안정성이 흔들리고 건강도 조금씩 적신호를 보입니다. 우리나라의 정년은 60세이지만 확실하게 보장해주는 것은 아닙니다. 무사히 정년퇴직하는 것은 하늘의 별따기와 같습니다.

주된 일자리에서 물러나 그만큼의 수입을 얻거나 근무환경이 비슷한 일자리를 다시 얻는 것은 정년퇴직보다 훨씬 어렵습니다. 여기저기 이력서를 제출해 보지만 오라는 곳이 없어 낙담하거나 이전 직장보다 조건이 열악한 곳에 울며 겨자 먹기로 들어가기도 합니다.

제 주변의 친구들이나 고객들도 하나둘씩 직장에서 나와 다른 일을 하고 있습니다. 중소기업에서 임원으로 퇴직해 배달 일을 하거나 대기업에서 명예퇴직을 한 뒤 편의점을 시작한 친구도 있습니다. 고객 중에는 대기업에서 퇴사해 협력업체에 재취업하거나 평소 꿈꿔오던 일을 시작해 두 번째 인생을 만끽하며 행복하게 지내기도 합니다. 반면 생각과 달리 일이 잘 풀리지 않아 과거를 후회하며 하루하루를 보내는 사람도 있습니다. 주된 일자리였던 직장에 다닐 때만 해도 사는 모습이 비슷했는데 직장의 문턱을 넘으니 저마다 다른 삶을 살아가게 된 것입니다.

이때 은퇴 준비 정도에 따라 퇴직 후 새롭게 시작하는 일에 대한 만족도와 삶을 대하는 태도에 차이가 있습니다. 협력업체에 다니는 고객은 조금은 편안한 일자리를 얻었지만 은퇴 준비가 미흡해 수입에 만족하지 못하고 매사 조급해합니다. 배달 일을 하는 친구는 은퇴 준비가 잘돼 있어 소일거리라 생각하고 원하는 시간만큼만 일하면서 여유 있는 삶을 즐기고 있습니다.

"굿바이 텐션, 헬로 펜션(Goodbye tension, Hello pension, 직장 스트레스는 잊고 연금 받으며 행복하길)"은 서구권에서 퇴직을 하면 축하하며 건네는 인사말입니다. 우리도 준비하면 충분히 달라질 수 있습니다. 이 책을 읽는 여러분의 앞날이 어떻게 펼쳐질지 모릅니다. 하지만 지금부터라도 충실하게 은퇴를 준비하면 여유 있고 행복한 노후를 맞이할 가능성이 높아집니다. 물론 은퇴 준비라는 것이 돈이 전부는 아닙니다. 건강, 가족관계, 취미, 여가, 사회활동 등 행복한 은퇴생활을 위해 준비해야 할 게 많습니다.

지금부터라도 제대로 계획을 세우고 곧바로 실천에 옮긴다면 주체적이고 당당한 은퇴생활을 즐길 수 있습니다. 중요한 것은 재거나 따지거나 미루지 않고 지금 당장 시작하는 용기와 실천입니다. 이 책을 읽으며 정리한 생각을 바로 행동으로 옮겨 행복한 미래의 밑거름으로 삼기를 바랍니다.

## 나는 노후에 가난하지 않기로 결심했다

### 한 달 30만 원으로 레벨업하는 ETF 연금저축의 기적

서대리 지음 | 값 16,500원

**서대리**

연금저축을 검색하면 반드시 만나는 유튜브 콘텐츠, 서대리TV의 운영자다. 서대리TV는 돈 걱정 없는 노후를 고민하는 직장인들을 위해 질 좋은 자료를 바탕으로 현실적이고 실현 가능한 전략을 공유해 많은 사랑을 받고 있는 유튜브 연금저축 전문 채널이다.

**"연금저축, 이건 미친 상품입니다!"**
**초고속 인플레이션, 월급을 녹이는 환경 속**
**누구나 쉽게 부유한 노후 준비하는 법**

한 달에 30만 원씩 모으면 죽을 때까지 매달 연금으로 300만 원(세전)씩 받으며 살 수 있는 방법이 있다. 나라가 밀어주고 시간이 불려주는 '연금저축펀드' 계좌를 개설해 운용하는 것이다. 연금저축 전문 인기 유튜버 '서대리'는 이 책에서 연금저축펀드 계좌를 통해 쉽고 여유롭게 돈을 불려 노후에 넉넉한 현금흐름을 만드는 방법을 친절하게 설명한다. 거기에 또 다른 절세상품인 IRP계좌와 ISA계좌의 개설 방법부터 규정을 뛰어넘는 활용법을 담아 직장인들이 반드시 돈 버는 절세 금융상품정보를 총 망라했다.

## 함께 읽으면 좋은 책

# 내 통장 사용설명서3.0

**목적에 맞게 돈이 차오르는**
**대한민국 필수 통장 7 완벽 활용법**

이천 지음 | 값 16,000원

1. 월급통장_ 푼돈 관리의 기적
2. 예금·적금_ 왜 필요할까?
3. 청약통장_ 내 집 마련의 첫 걸음
4. 펀드 ETF 주식_뻔한 월급 적절한 투자
5. 대출 관리, 마이너스 통장_ 이자는 밤에도 일한다
6. 보험_ 제대로 가입해야 든든하다,
7. 연금_ 젊을 때 준비해 노년을 여유롭게

**"이 책이 은인이었다"**
**13년간 50만 독자와 함께한 재테크 분야 스테디셀러**

건물주도, 신입사원도 이 통장은 필수다! 자산이 많은 고객도, 지금 갓 월급을 받은 신입사원도 결국에는 7개의 통장을 만들고 불리는 과정으로 귀결됐다. 자산의 뼈대를 세우는 월급통장, 예금·적금 통장부터 돈을 불리는 주식계좌, 내 집 마련의 필수품 청약통장, 보험, 연금까지, 금융상품의 기본 지식부터 전략적 활용법까지 전해주는 월급 받는 사람이라면 반드시 알아야 하는 최소한의 재테크 가이드라인.

# 내 은퇴통장 사용설명서

지은이 | 이천

1판 1쇄 발행 | 2022년 12월 21일
1판 일부 개정 3쇄 | 2024년 10월 21일

펴낸이 | 이한나
교정교열 | 정지수
디자인 | 석운디자인
인쇄 | 두성P&L

펴낸곳 | 세이지(世利知)
등록 | 2016년 5월 16일 2016-000022호
대표전화 | 070-8115-3208
팩스 | 0303-3442-3208
메일 | booksage@naver.com
블로그 | blog.naver.com/booksage
ISBN | 979-11-89797-15-7 03320